W0282588

Hermann Schmid

# Lingua Latina »ex efef«

(e forma – e functione)

## Intensivkurs Latinum

### Lektüreheft Caesar

Ernst Klett Schulbuchverlag Leipzig
Leipzig Stuttgart Düsseldorf

**Lingua Latina »ex efef«**
(e forma – e functione)

**Intensivkurs Latinum**
für Universitäten, Volkshochschule und sonstige Kurse

von OStD Hermann Schmid, Leonberg

Der Lehrgang besteht aus:

| | |
|---|---|
| Lehr- und Arbeitsbuch | (Klettbuch 62511) |
| Wortverzeichnis | (Klettbuch 62515) |
| Lektüreheft Caesar | (Klettbuch 62512) |
| Lektüreheft Cicero | (Klettbuch 62513) |
| Abecedarium – Lexikon-Grammatik Latein | (Klettbuch 62514) |

1. Auflage 1 11 10 9 8 | 2019 2018 2017 2016

Alle Drucke dieser Auflage können im Unterricht nebeneinander benutzt werden, sie sind untereinander unverändert. Die letzte Zahl bezeichnet das Jahr dieses Druckes.
© Ernst Klett Schulbuchverlag Leipzig GmbH, Leipzig 1993.
Alle Rechte vorbehalten.
Internetadresse: www.klett.de
Umschlag: Manfred Muraro, Stuttgart
Druck: Digitaldruck Tebben GmbH, Biessenhofen
ISBN 3-12-625120-X

## Hinweise zum Lektüreheft

**Textauswahl:** Die Wortangaben enthalten parallel zum fortlaufenden Text *die Vokabeln, die nicht im Wortverzeichnis zum Lehrbuch aufgeführt sind.* Ebenfalls nicht angegeben werden Präpositionen, Pronomina, Konjunktionen und Subjunktionen: siehe dazu die jeweiligen Übersichtstabellen in der Lexikon-Grammatik.

**Prüfungstexte:** Die Prüfungstexte sind so abgedruckt, wie sie (einschließlich der Erläuterungen zum jeweiligen Text) in Latinums-Prüfungen in Baden-Württemberg bearbeitet werden mußten. Zeitumfang für die Übersetzung eines Textes: 180 Minuten.
Die Wortangaben (als Anhang angefügt, falls auf die Benützung eines Lexikons verzichtet wird) enthalten in alphabetischer Reihenfolge *die Vokabeln, die nicht im Wortverzeichnis zum Lehrbuch aufgeführt sind.* Ebenfalls nicht angegeben werden Präpositionen, Pronomina, Konjunktionen und Subjunktionen: siehe dazu die jeweiligen Übersichtstabellen in der Lexikon-Grammatik.
Die mündlichen Prüfungstexte sind ebenfalls Beispiele aus mündlichen Prüfungen in Baden-Württemberg. Die Vorbereitungszeit zur Bearbeitung des Textes vor der eigentlichen mündlichen Prüfung beträgt 15 Minuten.

# Das literarische Werk Caesars

## Commentarii de bello Gallico

-wohl im Jahre 51 v. Chr. veröffentlicht.

Commentarii sind eine Literaturgattung eigener Art, so etwas wie Notizbücher, Niederschriften bloßer Tatsachen, nämlich seiner 'res gestae' während der Jahre 58 bis 52 (Einnahme von Alesia), als er als Statthalter der gallischen Provinzen ganz Gallien eroberte. Er selbst hat 7 Bücher geschrieben (Jahre 58 bis 52), sein General Hirtius ergänzte sie durch das 8. Buch mit den Ereignissen der Jahre 51/50. Streng annalistischer Aufbau: in jedem Buch sind jeweils die Ereignisse und Feldzüge eines Jahres aufgeschrieben. Caesar berichtet in der 3. Person („Caesar stellte die Schlachtreihe auf ...“), es geht ihm nur um eine exakte Darstellung seiner 'res gestae' in knapper, schmuckloser Form und schlichtem Stil ohne herkömmliche Formung, sachlich und emotionslos, nicht um eine Gesamtdarstellung der Ereignisse mit ihren tieferen Zusammenhängen und Hintergründen. Dabei sind jedoch ein klarer Gestaltungswille und eine Gesamtkomposition deutlich erkennbar. Dies läßt darauf schließen, daß Caesar seine Commentarii nicht jahrweise abfaßte (etwa in der kriegsfreien Winterszeit), sondern sie nach dem Sieg über Vercingetorix als Ganzes konzipierte.

### Inhalt der einzelnen Bücher

(58) Buch 1: Krieg gegen die Helvetier und den Germanenfürsten Ariovist
(57) Buch 2: Die Unterwerfung der südlichen Belger, der Nervier, der Aduatuker und der Seestaaten
(56) Buch 3: Die Unterwerfung einzelner Alpenstämme, der Seestaaten, der Veneller und Aquitaner. Kampf gegen die Moriner und Menapier.
(55) Buch 4: Kämpfe mit den germanischen Usipetern und Tencterern. Erster Rheinübergang und erste Überfahrt nach Britannien.
(54) Buch 5: Zweite Überfahrt nach Britannien. Abfall der Eburonen. Vernichtung von 15 Kohorten. Tod des Trevererfürsten Indutiomarus.
(53) Buch 6: Kämpfe im nördlichen Gallien. Zweiter Rheinübergang. Die Gallier und Germanen. Vergeltungszug gegen die Eburonen.
(52) Buch 7: Erhebung ganz Galliens unter Vercingetorix

## Commentarii belli civilis

-wohl nur ein Konzept, ein erster Entwurf, den er wegen der politischen Ereignisse nicht mehr überarbeiten konnte.
Die Commentarii belli civilis enthalten die Entstehung und Ereignisse des Bürgerkrieges zwischen Caesar und Pompeius bis zu den Wirren in Alexandria (Jahre 49 bis 48).

# Auswahl

**aus**

# De bello Gallico

**(Seite 6–23)**

# De bello civili

**(Seite 24–34)**

# C. IULII CAESARIS COMMENTARII BELLI GALLICI

## Der Krieg gegen die Helvetier: Buch I

1 1 Gallia est omnis divisa in partes tres, quarum unam
incolunt Belgae, aliam Aquitani, tertiam qui ipsorum
2 lingua Celtae, nostra Galli appellantur. Hi omnes lin-
gua, institutis, legibus inter se differunt. Gallos ab
Aquitanis Garunna flumen, a Belgis Matrona et Sequa-
na dividit. Horum omnium fortissimi sunt Belgae,
propterea quod a cultu atque humanitate provinciae
3 longissime absunt, minimeque ad eos mercatores sae-
pe commeant atque ea, quae ad effeminandos animos
pertinent, important proximique sunt Germanis, qui
trans Rhenum incolunt, quibuscum continenter bellum
4 gerunt. Qua de causa Helvetii quoque reliquos Gallos
virtute praecedunt, quod fere cottidianis proeliis cum
Germanis contendunt, cum aut suis finibus eos pro-
5 hibent aut ipsi in eorum finibus bellum gerunt. Eorum
una pars, quam Gallos obtinere dictum est, initium
capit a flumine Rhodano; continetur Garunna flumine,
Oceano, finibus Belgarum; attingit etiam ab Sequanis
et Helvetiis flumen Rhenum; vergit ad septentriones.
6 Belgae ab extremis Galliae finibus oriuntur; pertinent
ad inferiorem partem fluminis Rheni; spectant in sep-
7 tentriones et orientem solem. Aquitania a Garunna
flumine ad Pyrenaeos montes et eam partem Oceani,
quae est ad Hispaniam, pertinet; spectat inter occasum
solis et septentriones.

| | | |
|---|---|---|
| 1 | **tres, tria** | drei |
| | **Belgae, arum** | die Belger |
| | **Aquitani, orum** | die Aquitanier |
| | **tertius, a, um** | der dritte |
| | **Celtae, arum** | die Kelten |
| | **Galli, orum** | die Gallier |
| 2 | **Garunna flumen** | die Garonne |
| | **Matrona** | die Marne |
| | **Sequana** | die Seine |
| | **propterea quod** | deswegen weil |
| | **cultus, us m.** | Lebensweise |
| | **humanitas, humanitatis f.** | Menschlichkeit, Zivilisation |
| 3 | **longissime (Adverb)** | am weitesten, sehr weit |
| | **commeare** | hinkommen, hingehen |
| | **effeminare** | verweichlichen |
| | **importare** | einführen |
| | **continenter (Adverb)** | ununterbrochen, beständig |
| 4 | **qua de causa** | aus diesem Grund |
| | **Helvetii, orum** | die Helvetier |
| | **quoque (nachgestellt)** | auch |
| | **praecedere** | vorangehen, übertreffen (praecedo – praecessi – praecessum) |
| | **fere (Adverb)** | fast, beinahe |
| | **cottidianus, a, um** | täglich |
| | **Germani, orum** | die Germanen |
| 5 | **obtinere** | innehaben (obtineo – obtinui) |
| | **Rhodanus** | die Rhone |
| | **Oceanus** | Ozean |
| | **attingere** | berühren, heranreichen (attingo – attigi – attactum) |
| | **Rhenus** | Rhein |
| | **vergere** | gerichtet sein, liegen (vergo – versi) |
| | **septentriones, septentrionum** | Sternbild der sieben Dreschochsen (Großer Bär), Norden |
| 6 | **oriri** | aufstehen, entstehen, beginnen (orior – ortus sum) |
| | **inferior, inferioris** | der untere, südliche |
| 7 | **Aquitania** | Aquitanien |
| | **Pyrenaei montes** | die Pyrenäen |
| | **Hispania** | Spanien |

2 1 Apud Helvetios longe nobilissimus fuit et ditissimus
Orgetorix. Is M. Messalla et M. Pupio Pisone consuli-
bus regni cupiditate inductus coniurationem nobilitatis
fecit et civitati persuasit, ut de finibus suis cum omni-
2 bus copiis exirent: perfacile esse, cum virtute omnibus
praestarent, totius Galliae imperio potiri. Id hoc facili-
3 us eis persuasit, quod undique loci natura Helvetii
continentur: una ex parte flumine Rheno latissimo
atque altissimo, qui agrum Helveticum a Germanis
dividit; altera ex parte monte Iura altissimo, qui est
inter Sequanos et Helvetios; tertia lacu Lemanno et
flumine Rhodano, qui provinciam ab Helvetiis dividit.
4 His rebus fiebat, ut et minus late vagarentur et minus

| | | |
|---|---|---|
| 2 | **longe (beim Superlativ)** | bei weitem |
| | **nobilis, e** | vornehm, bekannt |
| | **ditissimus, a, um** | der reichste |
| | **Orgetorix, Orgetorigis** | Orgetorix (Fürst der Helvetier) |
| | **M. Messalla** | Messalla |
| | **M. Pupius Piso** | Piso (Konsuln des Jahres 61 v. Chr.) |
| | **inducere** | hineinführen, verleiten (induco – induxi – inductum) |
| | **nobilitas, nobilitatis f.** | Adel |
| | **exire** | herausgehen (exeo – exii – exitum) |
| 2 | **perfacilis, e** | sehr leicht |
| | **praestare** | voranstehen, voraus sein (praesto – praestiti) |
| | **hoc (beim Komparativ)** | umso |
| 3 | **latus, a, um** | breit |
| | **mons Iura** | das Juragebirge |
| | **lacus Lemannus** | der Genfer See |
| 4 | **vagari** | umherschweifen |

facile finitimis bellum inferre possent: qua ex parte
5 homines bellandi cupidi magno dolore afficiebantur.
Pro multitudine autem hominum et pro gloria belli
atque fortitudinis angustos se fines habere arbitraban-
tur, qui in longitudinem milia passuum CCXL, in
latitudinem CLXXX patebant.

| | | |
|---|---|---|
| | **bellare** | Krieg führen |
| | **cupidus, a, um** | begierig |
| | **afficere** | „versehen mit ...“ (afficio – affeci – affectum) |
| 5 | **longitudo, longitudinis f.** | Länge |
| | **milia passuum** | Meilen (je tausend Doppelschritte) |
| | **latitudo, latitudinis f.** | Breite |
| | **patere** | offenstehen (pateo – patui) |

**3** 1 His rebus adducti et auctoritate Orgetorigis permoti
constituerunt ea, quae ad proficiscendum pertinerent,
comparare, iumentorum et carrorum quam maximum
numerum coemere, sementes quam maximas facere, ut
in itinere copia frumenti suppeteret, cum proximis
2 civitatibus pacem et amicitiam confirmare. Ad eas res
conficiendas biennium sibi satis esse duxerunt: in
3 tertium annum profectionem lege confirmant. Ad eas
res conficiendas Orgetorix deligitur.

| | | |
|---|---|---|
| **3** | **permovere** | bewegen (permoveo – permovi – permotum) |
| | **iumenta, orum** | Zugtiere |
| | **carrus** | Karren |
| | **quam (beim Superlativ)** | möglichst |
| | **coemere** | zusammenkaufen (coemo – coemi – coemptum) |
| | **sementis, sementis f.** | Aussaat, Saat |
| | **suppetere** | ausreichend vorhanden sein (suppeto – suppetivi – suppetitum) |
| 2 | **conficere** | vollenden, fertigmachen (conficio – confeci – confectum) |
| | **biennium** | Zeitraum von zwei Jahren |
| | **satis** | ausreichend, genügend |
| | **tertius, a, um** | der dritte |

*Orgetorix besucht die Nachbarstämme der Sequaner und Haeduer, verabredet dort mit dem Haeduer Dumnorix und dem Sequaner Casticus, daß sie die Königsherrschaft in ihrem jeweiligen Stamm an sich reißen und dann gemeinsam ganz Gallien erobern wollen.*

**4** 1 Ea res est Helvetiis per indicium enuntiata. Moribus
suis Orgetorigem ex vinculis causam dicere coegerunt.
2 Damnatum poenam sequi oportebat, ut igni cremare-
tur. Die constituta causae dictionis Orgetorix ad iudici-
um omnem suam familiam, ad hominum milia decem,
undique coegit, et omnes clientes obaeratosque suos,
quorum magnum numerum habebat, eodem conduxit:
3 per eos, ne causam diceret, se eripuit. Cum civitas ob
eam rem incitata armis ius suum exsequi conaretur,
multitudinemque hominum ex agris magistratus coge-
4 rent, Orgetorix mortuus est; neque abest suspicio, ut
Helvetii arbitrantur, quin ipse sibi mortem consciverit.

| | | |
|---|---|---|
| **4** | **causam dicere** | sich verantworten |
| 2 | **ignis, ignis m.** | Feuer |
| | **cremare** | verbrennen |
| | **dictio causae (dictionis f.)** | Gerichtsverhandlung, Verteidigung |
| | **iudicium** | Gericht; Urteil |
| | **familia** | Familie, Sippschaft |
| | **milia decem** | zehntausend |
| | **cliens, clientis m.** | Höriger, Klient, Schutzbefohlener |
| | **obaeratus** | Schuldner |
| | **eodem** | ebenfalls dorthin, eben dahin |
| | **conducere** | hinführen, kommen lassen (conduco – conduxi – conductum) |
| | **eripere se** | sich entreißen, sich entziehen (eripio – eripui – ereptum) |
| 3 | **exsequi** | verfolgen, erreichen (exsequor – exsecutus sum) |
| 4 | **suspicio, suspicionis f.** | Verdacht, Vermutung |
| | **quin (m. Konj.)** | daß |
| | **consciscere** | zufügen (conscisco – conscivi) |

**5** 1 Post eius mortem nihilo minus Helvetii id, quod consti-
2 tuerant, facere conantur, ut e finibus suis exeant. Ubi
iam se ad eam rem paratos esse arbitrati sunt, oppida
sua omnia, numero ad duodecim, vicos ad quadringen-
3 tos, reliqua privata aedificia incendunt; frumentum
omne, praeter quod secum portaturi erant, comburunt,
ut domum reditionis spe sublata paratiores ad omnia
pericula subeunda essent; trium mensium molita ciba-

| | | |
|---|---|---|
| **5** | **nihilo minus** | nichts desto weniger |
| | **exire** | hinausgehen (exeo – exii – exitum) |
| 2 | **duodecim** | zwölf |
| | **quadringenti, ae, a** | vierhundert |
| 3 | **praeter (Präp. m. Akk.)** | außer |
| | **secum** | mit sich |
| | **portare** | tragen |
| | **reditio, reditionis f.** | Rückkehr |
| | **domum** | nach Hause |
| | **sublatus** (von tollere) | aufheben, beseitigen (tollo – sustuli – sublatum) |
| | **subire** | auf sich nehmen, riskieren (subeo – subii – subitum) |
| | **trium mensium** | hier: für drei Monate |

4 ria sibi quemque domo efferre iubent. Persuadent Rau-
racis et Tulingis et Latovicis finitimis suis, ut eodem
usi consilio oppidis suis vicisque exustis una cum eis
proficiscantur.

| | | |
|---|---|---|
| 4 | **molita cibaria** | Mehl |
| | **domo** | von zu Hause |
| | **efferre** | hinaustragen (effero – extuli – elatum) |
| | **Rauraci, orum** | die Rauracher |
| | **Tulingi, orum** | die Tulinger |
| | **Latovici, orum** | die Latovicer |
| | **exurere** | verbrennen (exuro – exussi – exustum) |

6 1 Erant omnino itinera duo, quibus itineribus domo exire
possent: unum per Sequanos, angustum et difficile,
inter montem Iuram et flumen Rhodanum, vix qua
2 singuli carri ducerentur; mons autem altissimus im-
pendebat, ut facile perpauci prohibere possent, alterum
per provinciam nostram, multo facilius atque expediti-
us, propterea quod inter fines Helvetiorum et Allobro-
gum, qui nuper pacati erant, Rhodanus fluit isque
3 nonnullis locis vado transitur. Extremum oppidum
Allobrogum est proximumque Helvetiorum finibus
Genava. Ex eo oppido pons ad Helvetios pertinet.
Allobrogibus sese vel persuasuros, quod nondum bono
animo in populum Romanum viderentur, existimabant
vel vi coacturos, ut per suos fines eos ire paterentur.
4 Omnibus rebus ad profectionem comparatis diem
dicunt, qua die ad ripam Rhodani omnes conveniant. Is
dies erat a. d. V. Kal. April. L. Pisone A. Gabinio
consulibus.

| | | |
|---|---|---|
| 6 | **exire** | hinausgehen (exeo – exii – exitum) |
| | **angustus, a, um** | eng |
| | **mons Iura** | das Juragebirge |
| | **flumen Rhodanus** | die Rhone |
| | **qua (Ortsadverb)** | wo |
| | **singuli, ae, a** | einzelne, je einer |
| 2 | **carrus** | Karren |
| | **altus, a, um** | hoch, tief |
| | **perpauci, ae, a** | sehr wenige |
| | **multum** | viel |
| | **expeditus, a, um** | ungehindert, frei, bequem |
| | **propterea quod** | deswegen weil |
| | **Allobroges, um** | die Allobroger |
| | **nuper** | neulich |
| | **fluere** | fließen (fluo – fluxi – fluctum) |
| | **vadum** | Furt, untiefe Stelle |
| 3 | **Genava** | Genf |
| | **sese = se** | |
| | **vel – vel** | entweder – oder |
| | **nondum** | noch nicht |
| | **animus** | Herz, Geist, Sinn, Gesinnung |
| 4 | **a. d. V. Kal. Apr.** | ante diem quintum Kalendas Apriles = 28. März |
| | **A. Gabinius, L. Piso** | Konsuln des Jahres 58 v. Chr. |

7 1 Caesari cum id nuntiatum esset eos per provinciam
nostram iter facere conari, maturat ab urbe proficisci et
quam maximis potest itineribus in Galliam ulteriorem
2 contendit et ad Genavam pervenit. Provinciae toti
quam maximum potest militum numerum imperat (erat
omnino in Gallia ulteriore legio una); pontem, qui erat
3 ad Genavam, iubet rescindi. Ubi de eius adventu Helvetii
certiores facti sunt, legatos ad eum mittunt nobilissimos
civitatis, qui dicerent sibi esse in animo sine ullo
maleficio iter per provinciam facere, propterea quod
4 aliud iter haberent nullum: rogare, ut eius voluntate id
sibi facere liceat. Caesar concedendum non putabat;
5 neque homines inimico animo data facultate per
provinciam itineris faciendi temperaturos esse ab iniuria
6 et maleficio existimabat. Tamen, ut spatium intercedere
posset, dum milites, quos imperaverat, convenirent,
legatis respondit diem se ad deliberandum sumpturum
esse: si quid vellent, ad Id. April. reverterentur.

| | | |
|---|---|---|
| 7 | **maturare** | reifen; sich beeilen |
| | **quam max. potest itineribus** | in möglichst großen Tagesmärschen |
| | **Gallia ulterior (ulterioris)** | das jenseitige Gallien |
| 2 | **quam max. potest numerum** | eine möglichst große Anzahl |
| | **rescindere** | einreißen (rescindo – rescidi – rescissum) |
| 3 | **nobilis, e** | edel, vornehm |
| | **in animo esse** | im Sinn haben, beabsichtigen |
| | **maleficium** | Übeltat, Schaden |
| | **propterea quod** | deswegen weil |
| 4 | **rogare** | bitten, erbitten, fragen |
| 5 | **inimicus, a, um** | feindlich |
| | **temperare** | sich mäßigen, Abstand nehmen von |
| 6 | **spatium** | Raum, Zwischenraum, Zeit |
| | **intercedere** | dazwischengehen (intercedo – intercessi – intercessum) |
| | **deliberare** | überlegen, erwägen |
| | **sumere** | nehmen (sumo – sumpsi – sumptum) |
| | **Idibus Aprilibus** | an den Iden des April = am 13. April |

# Caesar, de bello Gallico I, 8–11

**8** 1 Interea ea legione, quam secum habebat, militibusque, qui ex provincia convenerant, a lacu Lemanno, qui in flumen Rhodanum influit, ad montem Iuram, qui fines Sequanorum ab Helvetiis dividit, milia passuum decem novem murum in altitudinem pedum sedecim fossam- 2 que perducit. Eo opere perfecto praesidia disponit, castella communit, quo facilius, si se invito transire conarentur, prohibere possit. 3 Ubi ea dies, quam constituerat cum legatis, venit et legati ad eum reverterunt, negat se more et exemplo populi Romani posse iter ulli per provinciam dare et, si vim facere conentur, prohibiturum esse ostendit. 4 Helvetii ea spe deiecti navibus iunctis ratibusque compluribus factis alii vadis Rhodani, qua minima altitudo fluminis erat, nonnumquam interdiu, saepius noctu, si perrumpere possent, conati operis munitione et militum concursu et telis repulsi hoc conatu destiterunt.

| | | |
|---|---|---|
| **8** | **lacus Lemannus** | der Genfer See |
| | **influere** | hineinfließen (influo – influxi – influxum) |
| | **mons Iura** | das Juragebirge |
| | **Sequani, orum** | die Sequaner |
| | **milia passuum decem novem** | neunzehn Meilen |
| | **pedes (pedum) sedecim** | sechzehn Fuß |
| | **perducere** | hinführen, ziehen (perduco – perduxi – perductum) |
| 2 | **disponere** | verteilen (dispono – disposui – dispositum) |
| | **castellum** | Kastell |
| | **communire** | befestigen |
| | **quo (m. Komp. und Konj.)** | damit umso |
| | **se invito** | gegen seinen Willen |
| 4 | **iungere** | verbinden (iungo – iunxi – iunctum) |
| | **ratis, ratis f.** | Floß |
| | **complures, complurium** | mehrere |
| | **vadum** | Furt, untiefe Stelle |
| | **qua (Ortsadverb)** | wo |
| | **nonnumquam** | manchmal |
| | **interdiu** | bei Tage |
| | **perrumpere** | durchbrechen (perrumpo – perrupi – perruptum) |
| | **munitio, munitionis f.** | Befestigungsanlage |
| | **concursus, us m.** | Zusammenlaufen, Zusammenprall |

**9** 1 Relinquebatur una per Sequanos via, qua Sequanis 2 invitis propter angustias ire non poterant. His cum sua sponte persuadere non possent, legatos ad Dumnorigem Haeduum mittunt, ut eo deprecatore a Sequanis 4 impetrarent. Is rem suscipit et a Sequanis impetrat, ut per fines suos Helvetios ire patiantur, obsidesque ut inter se dent, perficit: Sequani, ne itinere Helvetios prohibeant; Helvetii, ut sine maleficio et iniuria transeant.

| | | |
|---|---|---|
| **9** | **Sequanis invitis** | ohne Einwilligung der Sequaner |
| | **angustiae, arum** | Engpässe, enge Stellen |
| 2 | **sua sponte** | von sich aus, mit eigener Kraft |
| | **Dumnorix, Dumnorigis** | Dumnorix (vornehmer Häduer) |
| | **deprecator, deprecatoris m.** | Fürsprecher, Vermittler |
| | **Sequani, orum** | die Sequaner |
| 4 | **maleficium** | Übeltat, Schaden |

**10** *Caesar muß reagieren. Er „hetzt“ nach Oberitalien, um weitere 5 Legionen auszuheben. Mit ihnen marschiert er unverzüglich nach Gallien.*

**11** 1 Helvetii iam per angustias et fines Sequanorum suas copias traduxerant et in Haeduorum fines pervenerant 2 eorumque agros populabantur. Haedui, cum se suaque ab eis defendere non possent, legatos ad Caesarem 4 mittunt rogatum auxilium. Eodem tempore Ambarri, necessarii et consanguinei Haeduorum, Caesarem certiorem faciunt se depopulatis agris non facile ab 5 oppidis vim hostium prohibere. Item Allobroges, qui trans Rhodanum vicos possessionesque habebant, fuga se ad Caesarem recipiunt et demonstrant sibi praeter 6 agri solum nihil esse reliqui. Quibus rebus adductus Caesar non exspectandum sibi esse statuit, dum omnibus

| | | |
|---|---|---|
| **11** | **angustiae, arum** | Engpässe, enge Stellen |
| 3 | **rogatum (Supinum)** | um zu erbitten |
| 4 | **Ambarri, orum** | die Ambarrer |
| | **necessarius** | Verwandter, Freund |
| | **consanguineus** | Blutsverwandter |
| | **depopulare** | verwüsten |
| 5 | **Rhodanus** | die Rhone |
| | **se recipere** | sich zurückziehen (recipio – recepi – receptum) |
| | **solum** | Erdbode, Erde |
| 6 | **statuere** | feststellen, festsetzen (statuo – statui – statutum) |

fortunis sociorum consumptis in Santonos Helvetii pervenirent.

12 1 Flumen est Arar, quod per fines Haeduorum et
Sequanorum in Rhodanum influit, incredibili lenitate,
ita, ut oculis iudicari non possit, in utram partem fluat.
2 Id Helvetii ratibus ac lintribus iunctis transibant. Ubi
per exploratores Caesar certior factus est tres iam
partes copiarum Helvetios id flumen traduxisse, quartam
fere partem citra flumen Ararim reliquam esse, de
tertia vigilia cum legionibus tribus e castris profectus
ad eam partem pervenit, quae nondum flumen transierat.
3 Eos impeditos et inopinantes aggressus magnam partem
eorum concidit. Reliqui se fugae mandaverunt atque in
proximas silvas abdiderunt.

*Es kommt zu Verhandlungen zwischen den Helvetiern und Caesar, die jedoch ergebnislos abgebrochen werden. Eine kriegerische Auseinandersetzung ist also unvermeidlich. Nach mehreren kleineren Gefechten kommt es schließlich zu der alles entscheidenden Schlacht.*

25 1 Caesar primum suo, deinde omnium ex conspectu
remotis equis, ut aequato omnium periculo spem fugae
2 tolleret, cohortatus suos proelium commisit. Milites e
loco superiore pilis missis facile hostium phalangem
3 perfregerunt. Ea disiecta gladiis destrictis in eos impe-
tum fecerunt. Gallis magno ad pugnam erat impedi-
mento, quod pluribus eorum scutis uno ictu pilorum
transfixis et colligatis, cum ferrum se inflexisset, neque
evellere neque sinistra impedita satis commode pugnare
4 poterant, multi ut diu iactato bracchio praeoptarent
5 scutum manu emittere et nudo corpore pugnare. Tan-
dem vulneribus defessi et pedem referre et, quod mons

| | | |
|---|---|---|
| | **fortunae, arum** | Glücksgüter, Besitz |
| | **Santoni, orum** | die Santonen |
| 12 | **Arar, Araris** | der Arar (die heutige Saône) |
| | **influere** | hineinfließen (influo – influxi – influxum) |
| | **incredibilis, e** | unglaublich |
| | **lenitas, lenitatis f.** | Milde; langsame Strömung |
| | **iudicare** | urteilen, beurteilen, entscheiden |
| | **fluere** | fließen (fluo – fluxi – fluxum) |
| | **ratis, ratis f.** | Floß |
| | **linter, lintris f.** | Kahn |
| | **iungere** | verbinden (iungo – iunxi – iunctum) |
| 2 | **tres partes** | drei Teile (drei Viertel) |
| | **quartus, a, um** | der vierte |
| | **tertia vigilia** | die dritte Nachtwache |
| | **tres, tria** | drei |
| 3 | **impeditus, a, um** | kampfbehindert |
| | **inopinans, inopinantis** | nichtsahnend |
| | **concidere** | niederhauen, töten (concido – concidi – concisum) |
| | **mandare** | anvertrauen, auftragen |
| | **abdere** | verstecken (abdo – abdidi – abditum) |
| 25 | **primum (Adverb)** | zunächst |
| | **deinde** | danach |
| | **aequare** | gleich machen |
| | **tollere** | aufheben, beseitigen (tollo – sustuli – sublatum) |
| | **cohortari** | ermahnen, aufmuntern |
| 2 | **phalanx, phalangis f.** | Phalanx (geschlossene Linie) |
| | **perfringere** | durchbrechen (perfringo – perfregi – perfractum) |
| 3 | **disicere** | auseinanderwerfen, sprengen (disicio – disieci – disiectum) |
| | **destringere** | zücken (destringo – destrinxi – destrictum) |
| | **impedimentum** | Hindernis |
| | **plures = complures** | mehrere |
| | **ictus, us m.** | Stoß, Schlag, Wurf |
| | **colligare** | zusammenbinden |
| | **inflectere** | verbiegen, biegen (inflecto – inflexi – inflexum) |
| | **evellere** | herausreißen (evello – evelli – evulsum) |
| | **sinistra** | die linke Hand |
| | **satis (Adverb)** | genügend, genug |
| | **commodus, a, um** | bequem |
| 4 | **iactare** | werfen, schütteln |
| | **bracchium** | Arm |
| | **praeoptare** | lieber wollen, vorziehen |
| | **emittere** | fallen lassen (emitto – emisi – emissum) |
| 5 | **vulnus, vulneris n.** | Wunde |
| | **defessus, a, um** | erschöpft |
| | **pedem referre** | fliehen (refero – rettuli – relatum) |

suberat circiter mille passuum, eo se recipere coeperunt.
6 Capto monte et succedentibus nostris Boii et Tulingi,
qui agmen hostium claudebant et novissimis praesidio
erant, ex itinere nostros ab latere aperto aggressi cir-
cumvenerunt. Id conspicati Helvetii, qui in montem se
receperant, rursus instare et proelium redintegrare
7 coeperunt. Romani conversa signa bipertito intulerunt:
prima et secunda acies, ut victis ac summotis resisteret;
tertia, ut venientes sustineret.

| | | |
|---|---|---|
| | **subesse** | in der Nähe sein (subsum – subfui) |
| | **circiter** | ungefähr |
| | **mille passuum** | 1 Meile |
| | **eo (Ortsadverb)** | dorthin |
| | **se recipere** | sich zurückziehen (recipio – recepi – receptum) |
| 6 | **succedere** | nachrücken (succedo – successi – successum) |
| | **nostri, orum** | unsere Leute |
| | **Boi, orum** | die Bojer |
| | **Tulingi, orum** | die Tulinger |
| | **agmen, agminis n.** | Heereszug |
| | **novissimi, orum** | Nachhut |
| | **latus, lateris n.** | Seite, Flanke |
| | **apertus, a, um** | offen, ungedeckt |
| | **conspicari** | erblicken |
| | **rursus (Adverb)** | wiederum |
| | **instare** | nachsetzen (insto – institi) |
| | **redintegrare** | erneuern, wieder aufnehmen |
| 7 | **conversa signa** | die umgewendeten Feldzeichen |
| | **bipertito (Adverb)** | nach zwei Seiten |
| | **secundus, a, um** | der zweite |
| | **submovere** | wegbewegen, zurückdrängen (submoveo – submovi – submotum) |
| | **tertius, a, um** | der dritte |
| | **sustinere** | aushalten, aufhalten (sustineo – sustinui) |

**26** 1 Ita ancipiti proelio diu atque acriter pugnatum est.
Diutius cum sustinere nostrorum impetus non possent,
alteri se, ut coeperant, in montem receperunt, alteri ad
2 impedimenta et carros suos se contulerunt. Nam hoc
toto proelio, cum ab hora septima ad vesperum pugna-
3 tum sit, aversum hostem videre nemo potuit. Ad multam
noctem etiam ad impedimenta pugnatum est, propterea
quod pro vallo carros obiecerant et e loco superiore in
nostros venientes tela coniciebant et nonnulli inter
carros rotasque mataras ac tragulas subiciebant no-
strosque vulnerabant.
4 Diu cum esset pugnatum, impedimentis castrisque
nostri potiti sunt. Ibi Orgetorigis filia atque unus e filiis
5 captus est. Ex eo proelio circiter hominum milia CXXX
6 superfuerunt eaque tota nocte continenter ierunt. Nul-
lam partem noctis itinere intermisso in fines Lingonum
die quarto pervenerunt, cum et propter vulnera militum
et propter sepulturam occisorum nostri triduum morati

| | | |
|---|---|---|
| **26** | **ancipiti proelio** | bei hin und her wogendem Kampf, mit unentschiedenem Ausgang |
| | **carrus** | Karren |
| | **se conferre** | sich begeben (confero – contuli – collatum) |
| 2 | **hora septima** | die siebte Stunde (12.00 – 13.00) |
| | **aversus, a, um** | abgewandt |
| 3 | **ad multam noctem** | bis tief in die Nacht |
| | **propterea quod** | deswegen weil |
| | **obicere** | entgegenstellen (obicio – obieci – obiectum) |
| | **nostri, orum** | unsere Leute |
| | **conicere** | werfen, schleudern (conicio – conieci – coniectum) |
| | **carrus** | Karren |
| | **rota** | Wagen, Rad |
| | **matara** | Wurfspieß, Speer |
| | **tragula** | gallischer Wurfspieß |
| | **subicere** | von unten hervorwerfen (subicio – subieci – subiectum) |
| | **vulnerare** | verwunden |
| 4 | **Orgetorix, Orgetorigis** | Orgetorix (helvetischer Fürst) |
| | **filia** | Tochter |
| | **filius** | Sohn |
| 5 | **circiter** | ungefähr |
| | **superesse** | übrig sein, überleben (supersum – superfui) |
| | **continenter** | ununterbrochen |
| | **intermittere** | unterbrechen (intermitto – intermisi – intermissum) |
| 6 | **Lingones, Lingonum** | die Lingonen |
| | **quartus, a, um** | der vierte |
| | **vulnus, vulneris n.** | Wunde |
| | **sepultura** | Bestattung |
| | **occidere** | niederhauen, töten (occido – occidi – occisum) |
| | **triduum** | Zeitraum von drei Tagen |

eos sequi non potuissent. Caesar ad Lingones litteras nuntiosque misit, ne eos frumento neve alia re iuvarent: qui si iuvissent, se eodem loco quo Helvetios habiturum esse. Ipse triduo intermisso cum omnibus copiis eos sequi coepit.

| | | |
|---|---|---|
| | **litterae, arum** | Brief, Schreiben |
| | **neve** | und auch nicht |
| | **iuvare** | unterstützen (iuvo – iuvi – iutum) |
| | **eodem loco habere quo** | ebenso behandeln wie |

**27** 1 Helvetii omnium rerum inopia adducti legatos de dedi-
2 tione ad eum miserunt. Qui cum eum in itinere conve-
nissent seque ad pedes proiecissent suppliciterque locuti
flentes pacem petivissent atque eos in eo loco, quo tum
essent, suum adventum exspectare iussisset, parue-
3 runt. Eo postquam Caesar pervenit, obsides, arma,
4 servos, qui ad eos perfugissent, poposcit. Dum ea
conquiruntur et conferuntur, nocte intermissa circiter
hominum milia sex eius pagi, qui Verbigenus appella-
tur, sive timore perterriti, ne armis traditis supplicio
afficerentur, sive spe salutis inducti, quod in tanta
multitudine dediticiorum suam fugam aut occultari aut
omnino ignorari posse existimarent, prima nocte e
castris Helvetiorum egressi ad Rhenum finesque Ger-
manorum contenderunt.

| | | |
|---|---|---|
| **27** | **inopia** | Mangel |
| 2 | **proicere** | niederwerfen (proicio – proieci – proiectum) |
| | **supplex, supplicis** | demütig bittend, kniefällig |
| | **flere** | weinen (fleo – flevi – fletum) |
| 3 | **eo (Ortsadverb)** | dorthin |
| | **perfugere** | überlaufen, sich flüchten (perfugio – perfugi – perfugitum) |
| | **poscere** | fordern (posco – poposci) |
| 4 | **conquirere** | zusammensuchen (conquiro – conquisivi – conquisitum) |
| | **conferre** | zusammentragen (confero – contuli – collatum) |
| | **milia sex** | sechstausend |
| | **pagus** | Gau |
| | **sive – sive** | sei es – oder sei es |
| | **supplicio afficere** | hinrichten (afficio – affeci – affectum) |
| | **dediticius, a, um** | unterworfen |
| | **occultare** | verstecken, verbergen |
| | **egredi** | herausschreiten, weggehen (egredior – egressus sum) |

**28** 1 Quod ubi Caesar resciit, quorum per fines ierant, his ut
conquirerent et reducerent, si sibi purgati esse vellent,
2 imperavit. Reductos in hostium numero habuit. Reli-
quos omnes obsidibus, armis, perfugis traditis in dedi-
3 tionem accepit. Helvetios, Tulingos, Latovicos in fines
suos, unde erant profecti, reverti iussit et, quod omni-
bus frugibus amissis domi nihil erat, quo famem tole-
rarent, Allobrogibus imperavit, ut his frumenti copiam
facerent; ipsos oppida vicosque, quos incenderant,
4 restituere iussit. Id ea maxime ratione fecit, quod noluit
eum locum, unde Helvetii discesserant, vacare, ne
propter bonitatem agrorum Germani, qui trans Rhe-
num incolunt, e suis finibus in Helvetiorum fines
transirent et finitimi Galliae provinciae Allobrogibus-
5 que essent. Boios petentibus Haeduis, quod egregia
virtute erant cogniti, ut in finibus suis collocarent,
concessit, quibus illi agros dederunt quosque postea in
parem iuris libertatisque condicionem atque ipsi erant
receperunt.

| | | |
|---|---|---|
| **28** | **resciscere** | erkennen, erfahren (rescisco – rescii – rescitum) |
| | **conquirere** | aufspüren (conquiro – conquisivi – conquisitum) |
| 2 | **reducere** | zurückführen (reduco – reduxi – reductum) |
| | **sibi purgatus esse** | keine Schuld auf sich nehmen |
| | **in hostium numero habere** | als Feinde behandeln |
| | **perfuga** | Überläufer |
| | **aliquem in deditionem accipere** | die Kapitulation von jemand annehmen (accipio – accepi – acceptum) |
| 3 | **Tulingi, orum** | die Tulinger |
| | **Latovici, orum** | die Latovicer |
| | **unde** | von wo |
| | **fames, famis f.** | Hunger |
| | **tolerare** | ertragen, aushalten |
| | **Allobroges, Allobrogum** | die Allobroger |
| | **restituere** | wiederherstellen (restituo – restitui – restitutum) |
| 4 | **maxime (Adverb)** | vor allem |
| | **ratio, rationis f.** | Berechnung, Überlegung |
| | **unde** | von wo |
| | **vacare** | frei sein, leer sein |
| | **bonitas, bonitatis f.** | Güte, gute Beschaffenheit |
| 5 | **Boi, Boiorum** | die Bojer |
| | **Haedui, orum** | die Haeduer |
| | **cognitus, a, um** | bekannt |
| | **collocare** | aufstellen, ansiedeln |
| | **par (paris) atque** | gleich wie |
| | **recipere** | aufnehmen (recipio – recepi – receptum) |

**29** 1 In castris Helvetiorum tabulae repertae sunt litteris
Graecis confectae et ad Caesarem relatae, quibus in
tabulis nominatim ratio confecta erat, qui numerus
domo exisset eorum, qui arma ferre possent, et item
2 separatim pueri, senes mulieresque. Fuit ad milia
CCCLXVIII summa omnium.
3 Eorum, qui domum redierunt censu habito, ut Caesar
imperaverat, repertus est numerus milium CX.

| | | |
|---|---|---|
| **29** | **tabula** | Tafel |
| | **reperire** | finden (reperio – repperi – repertum) |
| | **litterae Graecae** | griechische Buchstaben |
| | **conficere** | vollenden, machen (conficio – confeci – confectum) |
| | **referre** | bringen, überbringen (refero – rettuli – relatum) |
| | **nominatim (Adverb)** | mit Namensnennung |
| | **rationem conficere** | die Rechnung aufstellen |
| | **exire** | hinausgehen, herausgehen (exeo – exii – exitum) |
| | **separatim (Adverb)** | getrennt |
| | **mulier, mulieris f.** | Frau |
| 2 | **ad milia CCCLXVIII** | gegen 368 000 |
| | **summa** | Summe |
| 3 | **redire** | zurückkehren (redeo – redii – reditum) |
| | **census, us m.** | Schätzung |
| | **milia CX (milia, milium)** | 110 000 |

## Caesars Rheinübergang, Bau einer Brücke: Buch IV

*Caesar hatte im Jahr 55 v. Chr. die Usipeter und Tenkterer, germanische Stämme, die über den Rhein nach Süden vorgedrungen waren, besiegt.*

**16** 1 Germanico bello confecto multis de causis Caesar
statuit sibi Rhenum esse transeundum. Quarum illa fuit
iustissima, quod, cum videret Germanos tam facile
impelli, ut in Galliam venirent, suis quoque rebus eos
timere voluit, cum intellegerent et posse et audere
2 populi Romani exercitum Rhenum transire. Accessit
etiam, quod illa pars equitatus Usipetum et Tenctero-
rum, quam supra commemoravi praedandi frumentan-
dique causa Mosam transisse neque proelio interfuis-
se, post fugam suorum se trans Rhenum in fines Su-
3 gambrorum receperat seque cum his coniunxerat. Ad
quos cum Caesar nuntios misisset, qui postularent, ut
eos, qui sibi Galliaeque bellum intulissent, sibi de-
4 derent, responderunt: populi Romani imperium Rhe-
num finire; si se invito Germanos in Galliam transire
non aequum existimaret, cur sui quicquam esse imperii
5 aut potestatis trans Rhenum postularet? Ubii autem,
qui uni ex Transrhenanis ad Caesarem legatos miserant,
amicitiam fecerant, obsides dederant, magnopere
orabant, ut sibi auxilium ferret, quod graviter a Suebis

| | | |
|---|---|---|
| **16** | **Germanicum bellum** | der Krieg gegen die Germanen |
| | **statuere** | festsetzen, beschließen (statuo – statui – statutum) |
| | **Rhenus** | Rhein |
| | **iustus, a, um** | gerecht; begründet, triftig |
| | **tam** | so |
| | **impellere** | antreiben (impello – impuli – impulsum) |
| | **quoque** (nachgestellt) | auch |
| 2 | **accedere** | herangehen; hinzukommen (accedo – accessi – accessum) |
| | **Usipetes, Usipetum** | die Usipeter |
| | **Tencteri, orum** | die Tenkterer |
| | **frumentari** | Getreide holen |
| | **Mosa** | die Maas |
| | **interesse (m. Dat.)** | teilnehmen an, dabei sein bei (intersum – interfui) |
| | **Sugambri, orum** | die Sugambrer |
| | **coniungere** | verbinden (coniungo – coniunxi – coniunctum) |
| 4 | **se invito** | gegen seinen Willen |
| | **non aequum existimare** | etwas unerträglich finden, etwas für nicht in Ordnung halten |
| | **postulare (m. AcI)** | fordern |
| | **sui quicquam imperii aut potestatis** | etwas von seiner militärischen und politischen Macht |
| 5 | **Ubii, orum** | die Ubier |
| | **uni** | als einzige |
| | **Transrhenani, orum** | die rechtsrheinischen Völker |
| | **magnopere (Adverb)** | sehr, inständig |
| | **Suebi, orum** | die Sueben |

6 premerentur; vel, si id facere occupationibus rei publi-
cae prohiberetur, exercitum modo Rhenum transporta-
ret; id sibi ad auxilium spemque reliqui temporis satis
7 futurum esse. Tantum esse nomen apud eos atque
opinionem exercitus Romani Ariovisto pulso et hoc
novissimo proelio facto etiam ad ultimas Germanorum
nationes, ut opinione et amicitia populi Romani tuti
8 esse possint. Navium magnam copiam ad transportan-
dum exercitum pollicebantur.

| | | |
|---|---|---|
| 6 | **premere** | bedrängen, drangsalieren (premo – pressi – pressum) |
| | **vel** | oder |
| | **occupatio, occupationis f.** | Beschäftigung, Aufgabe |
| | **modo (m. Konj.)** | doch wenigstens |
| | **Rhenum transportare** | über den Rhein transportieren |
| | **reliquum tempus** | die Zukunft |
| | **satis** | genug |
| 7 | **tantus, a, um** | so groß, so bedeutend |
| | **opinio, opinionis f.** | Meinung, Ansicht, Ruf |
| | **Ariovistus** | Ariovist (Anführer der Sueben) |
| | **novissimum proelium** | die Schlacht neulich |
| | **ultimus, a, um** | der äußerste, letzte |
| 8 | **polliceri** | versprechen (polliceor – pollicitus sum) |

**17** 1 Caesar his de causis, quas commemoravi, Rhenum
transire decreverat. Sed navibus transire neque satis
tutum esse arbitrabatur neque suae neque populi Ro-
2 mani dignitatis esse statuebat. Itaque, etsi summa dif-
ficultas faciendi pontis proponebatur propter latitudi-
nem, rapiditatem altitudinemque fluminis, tamen id
sibi contendendum aut aliter non traducendum esse
exercitum existimabat.

| | | |
|---|---|---|
| **17** | **his de causis** | aus diesen Gründen |
| | **dignitatis est** | es paßt zur Würde, zum Rang |
| | **statuere** | hier: der Ansicht sein (statuo – statui – statutum) |
| 2 | **proponere** | vor Augen stellen (propono – proposui – propositum) |
| | **latitudo, latitudinis f.** | Breite |
| | **rapiditas, rapiditatis f.** | reißende Strömung |
| | **altitudo, altitudinis f.** | Höhe, Tiefe |
| | **contendere** | hier: durchsetzen, erreichen |
| | **aliter (Adverb)** | auf andere Weise |

**18** 1 Diebus decem, quibus materia coepta erat comportari,
2 omni opere effecto exercitus traducitur. Caesar ad
utramque partem pontis firmo praesidio relicto in fines
3 Sugambrorum contendit. Interim a compluribus civita-
tibus ad eum legati veniunt. Quibus pacem atque
amicitiam petentibus liberaliter respondet obsidesque
4 ad e adduci iubet. At Sugambri ex eo tempore, quo pons
institui coeptus est, fuga comparata hortantibus iis,
quos ex Tencteris atque Usipetibus apud se habebant,
finibus suis excesserant suaque omnia exportaverant
seque in solitudinem ac silvas abdiderant.

| | | |
|---|---|---|
| **18** | **decem** | zehn |
| | **materia** | Baumaterial, Holz |
| | **coeptus, a, um esse** | begonnen worden sein |
| | **comportare** | zusammentragen |
| | **opus, operis n.** | Werk |
| | **efficere** | bewirken, fertigstellen (efficio – effeci – effectum) |
| 2 | **ad utramque partem** | zu beiden Seiten |
| | **firmus, a, um** | fest, stark |
| | **Sugambri, orum** | die Sugambrer |
| | **complures, complurium** | mehrere |
| 3 | **liberaliter respondere** | freundlich, großzügig antworten (respondeo – respondi – responsum) |
| 4 | **instituere** | hier: bauen (instituo – institui – institutum) |
| | **hortari** | ermuntern, ermahnen |
| | **ex Tencteris** | aus dem Stamm der Tencterer |
| | **ex Usipetibus** | aus dem Stamm der Usipeter |
| | **sua omnia** | ihre ganzes Hab und Gut |
| | **exportare** | aus dem Lande bringen |
| | **solitudo, solitudinis f.** | Einsamkeit |
| | **silva** | Wald |
| | **abdere** | verstecken (abdo – abdidi – abditum) |

**19** 4 Caesar omnibus his rebus confectis, quarum rerum
causa exercitum traducere constituerat, ut Germanis
metum iniceret, ut Sugambros ulcisceretur, ut Ubios
obsidione liberaret, se in Galliam recepit pontemque
rescidit.

| | | |
|---|---|---|
| **19** | **conficere** | fertigmachen, zuendeführen (conficio – confeci – confectum) |
| | **metum inicere** | Angst einjagen (inicio – inieci – iniectum) |
| | **obsidio, obsidionis f.** | Bedrängtwerden, Umklammerung |
| | **se recipere** | sich zurückziehen (recipio – recepi) |

# Caesars Expedition nach Britannien: Buch IV

*Caesar war in Britannien gelandet. Er hatte sich im Spätsommer des Jahres 55 v. Chr. zu dieser Expedition entschlossen, weil er Land und Leute kennenlernen wollte für eine mögliche spätere kriegerische Auseinandersetzung, nachdem die Britannier schon mehrfach die Gallier in Kriegen gegen die Römer unterstützt hatten.*

**24** 1 Barbari praemisso equitatu et essedariis, quo plerum-
que genere in proeliis uti consueverunt, reliquis copiis
2 subsecuti nostros navibus egredi prohibebant. Erat ob
has causas summa difficultas, quod naves propter
magnitudinem nisi in alto constitui non poterant, mili-
tibus autem ignotis locis, impeditis manibus magno et
gravi onere armorum pressis simul et de navibus desi-
liendum et in fluctibus consistendum et cum hostibus
3 erat pugnandum, cum illi aut ex arido aut paulum in
aquam progressi omnibus membris expeditis notissi-
mis locis audacter tela conicerent et equos insuefactos
4 incitarent. Quibus rebus nostri perterriti atque huius
omnino generis pugnae imperiti non eadem alacritate
ac studio, quo in pedestribus uti proeliis consueverant,
utebantur.

| | | |
|---|---|---|
| **24** | **essedarius** | Wagenkämpfer |
| | **plerumque** | meistens |
| | **consuevisse** | gewohnt sein |
| | **subsequi** | unmittelbar folgen (subsequor – subsecutus sum) |
| | **nostri, nostrorum** | unsere Leute |
| | **egredi** | herausgehen (egredior – egressus sum) |
| 2 | **non ... nisi in alto** | nur auf hoher See, im tiefen Wasser |
| | **constituere** | hier: festmachen |
| | **ignotus, a, um** | unbekannt |
| | **gravis, e** | schwer |
| | **premere** | niederdrücken (premo – pressi – pressum) |
| 3 | **aridum** | das Trockene |
| | **paulum (Adverb)** | ein wenig |
| | **progredi** | voranschreiten (progredior – progressus sum) |
| | **membrum** | Glied |
| | **expeditus, a, um** | frei, ungehindert |
| | **insuefactus, a, um** | daran gewöhnt |
| 4 | **imperitus (m. Gen.)** | unerfahren in etwas |
| | **alacritas, alacritatis f.** | Begeisterung |
| | **pedestria proelia** | Schlachten auf dem Festland |

**26** 1 Pugnatum est ab utrisque acriter. Nostri tamen, quod
neque ordines servare neque firmiter insistere neque
signa subsequi poterant atque alius alia ex nave, quibus-
cumque signis occurrerat, se adgregabat, magnopere
2 perturbabantur. Hostes vero notis omnibus vadis, ubi
ex litore aliquos singulares ex nave egredientes con-
3 spexerant, incitatis equis impeditos adoriebantur, plu-
res paucos circumsistebant, alii ab latere aperto in
4 universos tela coniciebant. Quod cum animadvertisset
Caesar, scaphas longarum navium, item speculatoria
navigia militibus compleri iussit et, quos laborantes
5 conspexerat, his subsidia mittebat. Nostri simul in
arido constiterunt, suis omnibus consecutis in hostes

| | | |
|---|---|---|
| **26** | **utrique** | beide Seiten |
| | **ordines servare** | in Reih und Glied bleiben |
| | **firmiter (Adverb)** | mit Festigkeit |
| | **insistere** | nachdrängen (insisto – institi) |
| | **alius alia ex nave** | jeder aus einem anderen Schiff |
| | **signa** | Feldzeichen |
| | **se adgregare** | sich anschließen |
| | **magnopere** | sehr |
| | **perturbare** | verwirren |
| 2 | **vero** | aber |
| | **vadum** | untiefe Stelle |
| | **litus, litoris n.** | Gestade, Strand |
| | **singularis, e** | einzeln |
| 3 | **incitatis equis** | im Galopp |
| | **adoriri** | angreifen (adorior – adortus sum) |
| | **plures** | hier: jeweils in der Überzahl |
| | **circumsistere** | umstellen (circumsisto – circumstiti) |
| | **ab latere aperto** | auf der ungedeckten Flanke |
| 4 | **universi, orum** | alle insgesamt |
| | **scapha** | Begleitboot |
| | **navis longa** | Kriegsschiff |
| | **speculatoria navigia** | Aufklärungsschiff |
| | **complere** | anfüllen, auffüllen (compleo – complevi – completum) |
| 5 | **subsidium** | Hilfe, Unterstützung |
| | **consequi** | erreichen, nachfolgen (consequor – consecutus sum) |

impetum fecerunt atque eos in fugam dederunt, neque longius prosequi potuerunt, quod equites cursum tenere atque insulam capere non potuerant. Hoc unum ad pristinam fortunam Caesari defuit.

| | | |
|---|---|---|
| | **longius (Adverb)** | weiter |
| | **prosequi** | verfolgen (prosequor – prosecutus sum) |
| | **eques, equitis m.** | Reiter |
| | **cursum tenere** | den Kurs halten |
| | **pristinus, a, um** | früher, alt bewährt |

**27** 1 Hostes proelio superati, simulatque se ex fuga receperunt, statim ad Caesarem legatos de pace miserunt; obsides daturos quaeque imperavisset se facturos esse polliciti sunt.

| | | |
|---|---|---|
| **27** | **se recipere** | sich zurückziehen (recipio – recepi – receptum) |
| | **polliceri** | versprechen (polliceor – pollicitus sum) |

## Aufstand Galliens unter Führung des Vercingetorix: Buch VII

*Gallien war befriedet. Doch im Jahre 52 v. Chr. kommt es, als Caesar sich in Rom aufhielt, zu Aufständen der Gallier. Vercingetorix aus dem Stamm der Arverner eint die gallischen Stämme und übernimmt die Führung. Caesar eilt nach Gallien, es kommt zu mehreren Kämpfen mit Vercingetorix, die Caesar alle erfolgreich übersteht.*

**14** 1 Vercingetorix tot continuis incommodis Vellaunoduni, Cenabi, Novioduni acceptis suos ad concilium
2 convocat. Docet longe alia ratione esse bellum gerendum atque antea gestum sit. Omnibus modis huic rei studendum esse, ut pabulatione et commeatu Romani
3 prohibeantur. Id esse facile, quod equitatu ipsi abun-
4 dent et anni tempore subleventur. Pabulum secari non posse; necessario dispersos hostes ex aedificiis petere;
5 hos omnes cottidie ab equitibus deleri posse. Praeterea communis salutis causa rei familiaris commoda negle-
7 genda: vicos atque aedificia incendi oportere. Romanos aut inopiam non laturos aut magno cum periculo
8 longius a castris processuros; neque interesse, ipsosne interficiant impedimentisne exuant, quibus amissis

| | | |
|---|---|---|
| **14** | **tot** | so viele |
| | **continuus, a, um** | zusammenhängend, fortgesetzt |
| | **incommodum** | Nachteil, Niederlage |
| | **Vellaunodunum** | Stadt im Gebiet der Senonen |
| | **Cenabum** | Stadt im Gebiet der Carnuten |
| | **Noviodunum** | Stadt im Gebiet der Biturigen |
| | **concilium** | Versammlung |
| 2 | **docere** | in Kenntnis setzen, unterrichten (doceo – docui) |
| | **longe (Adverb)** | bei weitem, ganz |
| | **ratio, rationis f.** | Überlegung, Art und Weise, Taktik |
| | **atque (zu alia gehörig)** | wie |
| | **antea (Adverb)** | früher, zuvor |
| | **pabulatio, pabulationis f.** | Futterversorgung |
| 3 | **abundare** | Überfluß haben, überlegen sein |
| | **sublevare** | unterstützen |
| 4 | **pabulum** | Futter |
| | **secare** | schneiden (seco – secui – sectum) |
| | **necessario (Adverb)** | notwendigerweise |
| | **dispersus, a, um** | verstreut |
| | **petere** | ergänzen Sie pabulum als Objekt |
| | **eques, equitis m.** | Reiter |
| | **delere** | hier: vernichten, töten (deleo – delevi – deletum) |
| 5 | **praeterea** | außerdem |
| | **res familiaris** | Vermögen, Besitz |
| | **commodum** | Vorteil, Nutzen, Interesse |
| 7 | **inopia** | Mangel, Not |
| | **longius (Adverb)** | weiter, weiter weg |
| 8 | **interest** | es macht einen Unterschied |
| | **-ne – -ne** | ob – oder ob |
| | **exuere** | berauben (exuo – exui – exutum) |

9 bellum geri non possit. Praeterea oppida incendi oportere, quae non munitione et loci natura ab omni sint periculo tuta, ne suis sint ad detractandam militiam receptacula neu Romanis proposita ad copiam com-
10 meatus praedamque tollendam. Haec si gravia aut acerba videantur, multo illa gravius aestimari debere liberos, coniuges in servitutem abstrahi, ipsos interfici; quae sit necesse accidere victis.

| | | |
|---|---|---|
| 9 | **munitio, munitionis f.** | Befestigung, Befestigungsanlage |
| | **sui, suorum** | ihre Leute |
| | **militiam detractare** | den Kriegsdienst verweigern |
| | **receptaculum** | Zufluchtsmöglichkeit |
| | **neu** | und damit auch nicht |
| | **propositus, a, um** | zur Verfügung gestellt |
| | **praeda** | Beute |
| | **tollere** | wegnehmen, holen (tollo – sustuli – sublatum) |
| 10 | **gravis, e** | schwer, beschwerlich, hart |
| | **acerbus, a, um** | bitter, herb |
| | **abstrahere** | wegschleppen (abstraho – abstraxi – abstractum) |
| | **necesse est** | es ist zwangsläufig |

**15** 1 Omnium consensu hac sententia probata uno die amplius XX urbes Biturigum incenduntur. Hoc idem fit in
2 reliquis civitatibus. In omnibus partibus incendia conspiciuntur; quae etsi magno cum dolore omnes ferebant, tamen hoc sibi solacii proponebant, quod se prope explorata victoria celeriter amissa recuperaturos
3 confidebant. Deliberatur de Avarico in communi con-
4 cilio, incendi placeat an defendi. Procumbunt omnibus Gallis ad pedes Bituriges, ne pulcherrimam prope totius Galliae urbem, quae et praesidio et ornamento sit
5 civitati, suis manibus succendere cogantur; facile se loci natura defensuros dicunt, quod prope ex omnibus partibus flumine et palude circumdata unum habeat et
6 perangustum aditum. Datur petentibus venia dissuadente primo Vercingetorige, post concedente et precibus ipsorum et misericordia vulgi. Defensores oppido idonei deliguntur.

| | | |
|---|---|---|
| **15** | **consensus, us m.** | Übereinstimmung |
| | **sententia** | Meinung, Vorschlag |
| | **amplius XX** | mehr als zwanzig (viginti) |
| | **Bituriges, Biturigum** | die Biturigen |
| 2 | **solacium** | Trost |
| | **proponere** | sich vor Augen halten (propono – proposui – propositum) |
| | **prope (Adverb)** | beinahe |
| | **exploratus, a, um** | erforscht, sicher, gewiß |
| | **recuperare** | wiedererlangen |
| 3 | **deliberare** | erwägen, beraten |
| | **Avaricum** | Stadt der Biturigen |
| | **concilium** | Versammlung |
| | **an** | oder ob |
| 4 | **procumbere** | sich niederwerfen (procumbo – procubui – procubitum) |
| | **pes, pedis m.** | Fuß |
| | **ornamentum** | Schmuck, Zierde |
| | **succendere** | anzünden (succendo – succendi – succensum) |
| | **prope (Adverb)** | beinahe, fast |
| 5 | **perangustus, a, um** | sehr eng |
| 6 | **venia** | Gnade, Erbarmen, Erlaubnis |
| | **dissuadere** | abraten (dissuadeo – dissuasi – dissuasum) |
| | **primo – post** | zunächst – später |
| | **preces, precum f.** | Bitten |
| | **vulgus** | Masse, Volk |
| | **defensor, defensoris m.** | Verteidiger |

*Nach langwierigen Kämpfen nimmt Caesar Avaricum ein. Bei dem Versuch, aus der Stadt zu fliehen, wurden nahezu 40000 Einwohner getötet, etwa 800 entkamen unversehrt zu Vercingetorix.*

**29** 1 Postero die concilio convocato consolatus cohortatusque est Vercingetorix, ne se admodum animo demitte-
2 rent neve perturbarentur incommodo. Non virtute neque in acie vicisse Romanos, sed artificio quodam et scientia oppugnationis, cuius rei fuerint ipsi imperiti.
3 Errare, si qui in bello omnes secundos rerum proventus
4 exspectent. Sibi numquam placuisse Avaricum defendi, cuius rei testes ipsos haberet, sed factum impruden-

| | | |
|---|---|---|
| **29** | **concilium** | Versammlung |
| | **consolari** | trösten |
| | **cohortari** | ermuntern, Mut machen, anfeuern |
| | **admodum (Adverb)** | so sehr |
| | **animo se demittere** | den Mut sinken lassen (demitto – demisi – demissum) |
| | **neve** | und auch nicht |
| | **perturbare** | heftig verwirren |
| | **incommodum** | Nachteil, Schaden, Niederlage |
| 2 | **artificium** | Kunstfertigkeit, Geschicklichkeit |
| | **scientia** | Kenntnis |
| | **oppugnatio, oppugnationis f.** | Belagerung, Belagerungstechnik |
| | **imperitus, a, um** | unkundig, unerfahren |
| 3 | **secundus, a, um** | günstig, glücklich, erfolgreich |
| | **proventus, us m.** | Ausgang |
| 4 | **Avaricum** | Stadt der Biturigen |
| | **imprudentia** | Unwissenheit, Unverstand |

5 tia Biturigum et nimia obsequentia reliquorum, ut hoc
6 incommodum acciperetur. Id tamen se celeriter maio-
ribus commodis sarturum. Nam quae ab reliquis Gallis
civitates dissentirent, has sua diligentia adiuncturum
atque unum consilium totius Galliae effecturum, cuius
consensui ne orbis quidem terrarum posset obsistere;
7 idque se prope iam effectum habere. Interea aequum
esse ab iis communis salutis causa impetrari, ut castra
munire instituerent, quo facilius repentinos hostium
impetus sustinere possent.

| | | |
|---|---|---|
| 5 | **Bituriges, Biturigum** | die Biturigen |
| | **nimius, a, um** | allzugroß |
| | **obsequentia** | Willfährigkeit, Nachgiebigkeit |
| | **commodum** | Vorteil, Erfolg |
| | **sarcire** | wiedergutmachen (sarcio – sarsi – sartum) |
| 6 | **dissentire** | in der Meinung abweichen (dissentio – dissensi – dissensum) |
| | **adiungere** | hinzufügen, verbinden (adiungo – adiunxi – adiunctum) |
| | **consensus, us m.** | Übereinstimmung, Konsens |
| | **ne ... quidem** | nicht einmal ... |
| | **obsistere** | sich widersetzen, widerstehen (obsisto – obstiti) |
| | **prope (Adverb)** | beinahe, fast |
| 7 | **aequum est** | es ist recht und billig |
| | **instituere** | sich darauf einrichten, beginnen (instituo – institui – institutum) |
| | **quo (m. Komp. und Konj.)** | damit umso |
| | **repentinus, a, um** | plötzlich, unvermutet |
| | **sustinere** | aushalten, aufhalten (sustineo – sustinui) |

**30** 1 Fuit haec oratio non ingrata Gallis, et maxime, quod
ipse animo non defecerat tanto accepto incommodo
neque se in occultum abdiderat et conspectum multitu-
2 dinis fugerat; plusque animo providere et praesentire
existimabatur, quod re integra primo incendendum
3 Avaricum, post deserendum censuerat. Itaque ut reli-
quorum imperatorum res adversae auctoritatem minu-
unt, sic huius ex contrario dignitas incommodo accepto
4 in dies augebatur. Simul in spem veniebant eius affir-
matione de reliquis adiungendis civitatibus; primum-
que eo tempore Galli castra munire instituerunt; et sic
erant animo consternati homines insueti laboris, ut
omnia, quae imperarentur, sibi facienda et perferenda
existimarent.

| | | |
|---|---|---|
| **30** | **ingratus, a, um** | unangenehm, unwillkommen |
| | **maxime (Adverb)** | am meisten, ganz besonders |
| | **animo deficere** | den Mut sinken lassen (deficio – defeci – defectum) |
| | **incommodum** | Nachteil, Schaden, Niederlage |
| | **se in occultum abdere** | sich in ein Versteck zurückziehen (abdo – abdidi – abditum) |
| | **fugere** | fliehen, meiden (fugio – fugi – fugitum) |
| 2 | **plus, pluris** | mehr |
| | **praesentire** | im voraus spüren, ahnen (praesentio – praesensi – praesensum) |
| | **integer, integra, integrum** | unversehrt, intakt |
| | **primo – post** | zunächst – später |
| | **deserere** | verlassen, aufgeben (desero – deserui – desertum) |
| 3 | **res adversae** | Unglück |
| | **minuere** | mindern (minuo – minui – minutum) |
| | **ex contrario** | im Gegenteil |
| | **dignitas, dignitatis f.** | Würde, Ansehen |
| 4 | **affirmatio, affirmationis f.** | Versicherung, Beteuerung |
| | **adiungere** | hinzufügen, verbinden (adiungo – adiunxi – adiunctum) |
| | **primum (Adverb)** | zum ersten Mal |
| | **instituere** | sich darauf einrichten, beginnen (instituo – institui – institutum) |
| | **animo consternare** | aus der Fassung bringen |
| | **insuetus, a, um (m. Gen.)** | nicht gewohnt an |
| | **perferre** | ertragen, aushalten, durchstehen (perfero – pertuli – perlatum) |

**31** 1 Nec minus, quam est pollicitus, Vercingetorix animo
laborabat, ut reliquas civitates adiungeret, atque earum
2 principes donis pollicationibusque adliciebat. Huic rei
idoneos homines deligebat, quorum quisque aut ora-
3 tione subdola aut amicitia facillime capere posset. Qui

| | | |
|---|---|---|
| **31** | **minus (Adverb)** | weniger |
| | **polliceri** | versprechen (polliceor – pollicitus sum) |
| | **animo laborare** | sich bemühen |
| | **adiungere** | hinzugewinnen (adiungo – adiunxi – adiunctum) |
| | **pollicitatio, pollicitationis f.** | Versprechung |
| | **adlicere** | anlocken, ködern (adlicio – adlexi – adlectum) |
| 2 | **subdolus, a, um** | hinterlistig, heimtückisch |
| | **capere** | hier: auf seine Seite ziehen (capio – cepi – captum) |

3 Avarico expugnato refugerant, armandos vestiendos-
que curat; simul, ut deminutae copiae redintegrarentur,
4 imperat certum numerum militum civitatibus, quem et
quam ante diem in castra adduci velit, sagittariosque
omnes, quorum erat permagnus in Gallia numerus,
conquiri et ad se mitti iubet. His rebus celeriter id, quod
Avarici deperierat, expletur.

| | | |
|---|---|---|
| 3 | **refugere** | flüchten (refugio – refugi – refugitum) |
| | **armare** | bewaffnen |
| | **vestire** | bekleiden |
| 4 | **deminuere** | vermindern, dezimieren (deminuo – deminui – deminutum) |
| | **redintegrare** | wieder ergänzen |
| | **adducere** | heranbringen, bringen (adduco – adduxi – adductum) |
| | **sagittarius** | Bogenschütze |
| | **permagnus, a, um** | sehr groß |
| | **conquirere** | beschaffen (conquiro – conquisivi – conquisitum) |
| | **deperire** | umkommen, verlorengehen (depereo – deperii – deperitum) |
| | **explere** | auffüllen, ersetzen (expleo – explevi – expletum) |

*Nach heftigen Kämpfen fällt auch die Stadt Gergovia. Vercingetorix tritt den Rückzug an und marschiert nach Alesia, der Stadt der Mandubier. Caesar folgt ihm, schlägt bei Alesia ein Lager auf und erkundet die Lage der Stadt. Danach beginnt er, die Stadt einzuschließen.*

**69** 1 Ipsum erat oppidum in colle summo admodum edito
loco, ut nisi obsidione expugnari non posse videretur;
2 cuius collis radices duo duabus ex partibus flumina
subluebant. Ante oppidum planities circiter milia pas-
3 suum III in longitudinem patebat; reliquis ex omnibus
partibus colles mediocri interiecto spatio pari altitudi-
4 nis fastigio oppidum cingebant. Sub muro, quae pars
collis ad orientem solem spectabat, hunc omnem locum
copiae Gallorum compleverant fossamque et mace-
riam in altitudinem sex pedum praeduxerant. Eius
munitionis, quae ab Romanis instituebatur, circuitus X
milia passuum tenebat. Castra opportunis locis erant
posita octona, quae inter se munitionibus coniunge-
bantur ibique castella XXIII facta, quibus in castellis
interdiu stationes ponebantur, ne qua subito eruptio
fieret; haec eadem noctu excubitoribus ac firmis prae-
sidiis tenebantur.

| | | |
|---|---|---|
| **69** | **collis, collis m.** | Hügel |
| | **admodum (Adverb)** | so sehr |
| | **editus, a, um** | erhaben, hoch |
| | **obsidio, obsidionis f.** | Belagerung |
| 2 | **radix, radicis f.** | Wurzel |
| | **subluere** | unten bespülen (subluo – sublui) |
| | **circiter** | ungefähr |
| | **milia passuum III** | drei Meilen |
| | **longitudo, longitudinis f.** | Länge |
| | **patere** | offenstehen, sich ausdehnen (pateo – patui) |
| 3 | **mediocris, e** | mittelmäßig, gering |
| | **interiectus, a, um** | dazwischenliegend |
| | **spatium** | Raum, Zwischenraum |
| | **fastigium** | Senkung, Steigung |
| | **cingere** | umgürten, umgeben, einschließen (cingo – cinxi – cinctum) |
| 4 | **oriens sol, orientis solis** | aufgehende Sonne, Osten |
| | **complere** | anfüllen, ausfüllen (compleo – complevi – completum) |
| | **maceria** | Zaun, Mauer |
| | **sex pedes, pedum** | sechs Fuß |
| | **praeducere** | ziehen (praeduco – praeduxi – praeductum) |
| | **munitio, munitionis f.** | Befestigungsanlage, Befestigung |
| | **circuitus, us m.** | Umfang |
| | **X milia passuum** | zehn Meilen |
| | **tenere** | hier: betragen |
| | **opportunus, a, um** | günstig |
| | **ponere** | stellen, aufstellen (pono – posui – positum) |
| | **octoni, ae, a** | je acht |
| | **munitio, munitionis f.** | Befestigung, Befestigungsanlage |
| | **coniungere** | verbinden (coniungo – coniunxi – coniunctum) |
| | **castellum** | Kastell |
| | **interdiu** | bei Tage |
| | **statio, stationis f.** | Wache, Wachposten |
| | **subito (Adverb)** | plötzlich |
| | **excubitor, excubitoris m.** | Wächter, Wache |
| | **firmus, a, um** | fest, stark, sicher |

*Caesar zieht einen Belagerungsring um die Stadt, deren Lage immer bedrohlicher wird.*

77 1 At ii, qui Alesiae obsidebantur, praeterita die, qua
auxilia suorum exspectaverant, consumpto omni fru-
mento inscii, quid in Haeduis gereretur, concilio coacto
2 de exitu suarum fortunarum consultabant. Ac variis
dictis sententiis, quarum pars deditionem, pars dum
vires suppeterent, eruptionem censebat, non praeter-
eunda videtur oratio Critognati propter eius singula-
3 rem ac nefariam crudelitatem. Hic summo in Arvernis
ortus loco et magnae habitus auctoritatis: „Nihil“,
inquit, „de eorum sententia dicturus sum, qui turpissi-
mam servitutem deditionis nomine appellant, neque
hos habendos civium loco neque adhibendos ad conci-
lium censeo.
4 Cum his mihi res est, qui eruptionem probant; quorum
in consilio omnium vestrum consensu pristinae reside-
5 re virtutis memoria videtur. Animi est ista mollitia, non
virtus, paulisper inopiam ferre non posse. Qui se ultro
morti offerant, facilius reperiuntur, quam qui dolorem
6 patienter ferant. Atque ego hanc sententiam probarem
– tantum apud me dignitas potest –, si nullam praeter-
7 quam vitae nostrae iacturam fieri viderem; sed in
consilio capiendo omnem Galliam respiciamus, quam
ad nostrum auxilium concitavimus.
8 Quid hominum milibus LXXX uno loco interfectis
propinquis consanguineisque nostris animi fore existi-
matis, si paene in ipsis cadaveribus proelio decertare
9 cogentur? Nolite hos vestro auxilio spoliare, qui ve-
strae salutis causa suum periculum neglexerunt, nec
stultitia ac temeritate vestra aut animi imbecillitate
omnem Galliam prosternere et perpetuae servituti sub-
10 icere. An, quod ad diem non venerunt, de eorum fide
constantiaque dubitatis? Quid ergo? Romanos in illis
ulterioribus munitionibus animine causa cottidie exer-
11 ceri putatis? Si illorum nuntiis confirmari non potestis

| | | |
|---|---|---|
| 77 | **Alesiae** | in Alesia |
| | **praeterire** | vorbeigehen, vergehen; übergehen (praetereo – praeterii – praeteritum) |
| | **sui, suorum** | ihre Leute |
| | **inscius, a, um** | nicht wissend |
| | **in Haeduis** | im Gebiet der Häduer |
| | **concilium** | Versammlung |
| | **fortuna** | Schicksal |
| | **consultare** | beraten, beratschlagen |
| 2 | **varius, a, um** | verschiedenartig |
| | **suppetere** | ausreichend vorhanden sein (suppeto – suppetivi – suppetitum) |
| | **censere** | hier: für gut halten (censeo – censui) |
| | **Critognatus** | Critognatus (Bewohner Alesias) |
| 3 | **Arverni, orum** | die Arverner |
| | **summo loco ortus** | von sehr hoher Abkunft |
| | **habere loco (m. Gen.)** | als etwas ansehen (habeo – habui – habitum) |
| | **turpis, e** | schimpflich, schändlich |
| | **concilium** | Versammlung, Beratung |
| 4 | **consensus, us m.** | übereinstimmende Ansicht |
| | **pristinus, a, um** | der frühere |
| | **residere** | hier: noch vorhanden sein (resideo – resedi – resessum) |
| 5 | **mollitia animi** | Weichheit, Schlappheit |
| | **paulisper** | eine Zeitlang |
| | **inopia** | Mangel, Not |
| | **ultro (Adverb)** | aus freien Stücken |
| | **offerre** | anbieten, preisgeben (offero – obtuli – oblatum) |
| | **reperire** | finden (reperio – repperi – repertum) |
| | **patienter (Adverb)** | geduldig |
| 6 | **tantum** | so viel |
| | **dignitas, dignitatis f.** | Würde, Ehre |
| | **praeterquam** | außer |
| | **iactura** | Verlust |
| 7 | **respicere** | sehen auf, Rücksicht nehmen auf (respicio – respexi – respectum) |
| | **concitare** | aufwiegeln, mobilisieren |
| 8 | **quid animi estis** | wie muß euch zumute sein |
| | **hominum milibus LXXX** | 80 000 Menschen |
| | **propinquus** | Verwandter, Freund |
| | **consanguineus** | Blutsverwandter |
| | **paene (Adverb)** | beinahe, fast |
| | **cadaver, cadaveris n.** | Leichnam, Leiche |
| | **decertare** | bis zur Entscheidung kämpfen |
| 9 | **spoliare** | berauben |
| | **stultitia** | Dummheit |
| | **temeritas, temeritatis f.** | Unbesonnenheit |
| | **animi imbecillitas, – atis f.** | Feigheit |
| | **prosternere** | zugrunderichten (prosterno – prostravi – prostratum) |
| | **perpetuae servituti subicere** | ewiger Knechtschaft unterwerfen (subicere – subieci – subiectum) |
| 10 | **an?** | oder etwa? |
| | **ad diem** | rechtzeitig |
| | **constantia** | Charakterfestigkeit |
| | **dubitare** | zögern, Bedenken tragen |
| | **ulterior, ulterioris** | auf der anderen Seite gelegen |
| | **munitio, munitionis f.** | Befestigung, Befestigungsanlage |
| | **-ne** | Fragewort (bleibt unübersetzt) |
| | **exerceri** | sich plagen (exerceor – exercitus sum) |

11 omni aditu praesaepto, his utimini testibus appropin-
quare eorum adventum, cuius rei timore exterriti diem
noctemque in opere versantur.
12 Quid ergo mei consilii est? Facere, quod nostri maiores
nequaquam pari bello Cimbrorum Teutonumque fece-
runt; qui in oppida compulsi ac simili inopia subacti
eorum corporibus, qui aetate ad bellum inutiles vide-
bantur, vitam toleraverunt neque se hostibus tradide-
13 runt. Cuius rei si exemplum non haberemus, tamen
libertatis causa institui et posteris prodi pulcherrimum
14 iudicarem. Nam quid illi simile bello fuit? Depopulata
Gallia Cimbri magnaque illata calamitate finibus qui-
dem nostris aliquando excesserunt atque alias terras
petiverunt; iura, leges, agros, libertatem nobis relique-
runt.
15 Romani vero quid petunt aliud aut quid volunt, nisi
invidia adducti, quos fama nobiles potentesque bello
cognoverunt, horum in agris civitatibusque considere
atque his aeternam iniungere servitutem? Neque enim
16 umquam alia condicione bella gesserunt. Quodsi ea,
quae in longinquis nationibus geruntur, ignoratis, re-
spicite finitimam Galliam, quae in provinciam redacta,
iure et legibus commutatis, securibus subiecta perpe-
tua premitur servitute.“

| | | |
|---|---|---|
| 11 | **praesaepire** | vorn versperren (praesaepio – praesaepsi – praesaeptum) |
| | **exterrere** | erschrecken (exterreo – exterrui – exterritum) |
| | **in opere versari** | mit Schanzarbeit beschäftigt sein |
| 12 | **nequaquam** | keinesfalls |
| | **Cimbri, orum** | die Kimbern (germ. Volksstamm) |
| | **Teutoni, orum** | die Teutonen (germ. Volksstamm) |
| | **compellere** | jagen (compello – compuli – compulsum) |
| | **inopia** | Mangel, Not |
| | **subigere** | hier: zermürben (subigo – subegi – subactum) |
| | **aetas, aetatis f.** | Alter, Lebensalter |
| | **tolerare** | ertragen |
| 13 | **instituere** | einrichten, festlegen (instituo – institui – institutum) |
| | **posteri, orum** | Nachkommen; Nachwelt |
| | **prodere** | übergeben, überliefern (prodo – prodidi – proditum) |
| | **iudicare** | betrachten als, ansehen als |
| 14 | **depopulare** | völlig verwüsten |
| | **inferre** | hineintragen, zufügen (infero – intuli – illatum) |
| | **calamitas, calamitatis f.** | Unheil, Schaden |
| | **quidem** | freilich, gewiß |
| | **aliquando** | irgendwann einmal |
| 15 | **vero** (Adverb) | aber |
| | **invidia** | Mißgunst, Neid |
| | **fama** | Gerücht, Ruf, Erzählung |
| | **nobilis, e** | bekannt, berühm |
| | **aeternus, a, um** | ewig |
| | **iniungere** | aufbürden, auferlegen (iniungo – iniunxi – iniunctum) |
| | **umquam** | jemals |
| 16 | **quodsi** | wenn aber |
| | **longinquus, a, um** | weit entfernt |
| | **respicere** | blicken auf (respicio – respexi – respectum) |
| | **in provinciam redigere** | zur Provinz machen (redigo – redegi – redactum) |
| | **securibus subiectus, a, um** | der Herrschaft unterworfen |
| | **perpetuus, a, um** | immerwährend |
| | **premere** | drücken, unterdrücken (premo – pressi – pressum) |

**78** 1 Sententiis dictis constituunt, ut ii, qui valetudine aut
aetate inutiles sint bello, oppido excedant, atque omnia
prius experiantur, quam ad Critognati sententiam de-
2 scendant; illo tamen potius utendum consilio, si res
cogat atque auxilia morentur, quam aut deditionis aut
3 pacis subeundam condicionem. Mandubii, qui eos
oppido receperant, cum liberis atque uxoribus exire
4 coguntur. Hi cum munitiones Romanorum accessis-
sent, flentes omnibus precibus orabant, ut se in servi-

| | | |
|---|---|---|
| **78** | **valetudo, valetudinis f.** | Gesundheitszustand |
| | **aetas, aetatis f.** | Alter, Lebensalter |
| | **prius (Adverb)** | früher, eher |
| | **experiri** | erproben, versuchen (experior – expertus sum) |
| | **descendere** | herabsteigen (descendo – descendi – descensum) |
| 2 | **potius (Adverb)** | eher, lieber |
| | **subire** | auf sich nehmen (subeo – subii – subitum) |
| 3 | **Mandubii, orum** | die Mandubier |
| | **recipere** | aufnehmen (recepio – recepi – receptum) |
| | **uxor, uxoris f.** | Ehefrau |
| | **exire** | hinausgehen (exeo – exii – exitum) |
| 4 | **munitio, munitionis f.** | Befestigung, Befestigungsanlage |
| | **accedere** | herangehen, herankommen an (accedo – accessi –accessum) |
| | **flere** | weinen (fleo – flevi – fletum) |
| | **orare** | bitten, flehen |

tutem receptos cibo iuvarent. At Caesar dispositis in vallo custodiis recipi prohibebat.

| | | |
|---|---|---|
| | **recipere** | aufnehmen (recipio – recepi – receptum) |
| | **cibus** | Speise, Nahrung |
| | **iuvare** | unterstützen (iuvo – iuvi – iutum) |
| | **disponere** | verteilen (dispono – disposui – dispositum) |
| | **custodiae, arum** | Wachen |

**79** 1 Interea Commius reliquique duces, quibus summa
imperii permissa erat, cum omnibus copiis ad Alesiam
perveniunt et colle exteriore occupato non longius
2 mille passibus a nostris munitionibus considunt. Poste-
ro die equitatu ex castris educto omnem eam planitiem,
quam in longitudinem milia passuum III patere demon-
stravimus, complent pedestresque copias paulum ab eo
3 loco abductas in locis superioribus constituunt. Erat ex
oppido Alesia despectus in campum. Concurritur his
auxiliis visis; fit gratulatio inter eos atque omnium
4 animi ad laetitiam excitantur. Itaque productis copiis
ante oppidum considunt et proximam fossam cratibus
integunt atque aggere explent seque ad eruptionem
atque omnes casus comparant.

| | | |
|---|---|---|
| **79** | **Commius** | Commius (gallischer Fürst) |
| | **summa imperii** | oberste Kommandostelle |
| | **permittere** | einräumen, überlassen (permitto – permisi – permissum) |
| | **collis, collis m.** | Hügel |
| | **exterior, exterioris** | außerhalb gelegen |
| | **non longius mille passibus** | nicht weiter als 1 Meile entfernt |
| 2 | **longitudo, longitudinis f.** | Länge |
| | **milia passuum III** | drei Meilen |
| | **patere** | offenstehen, sich erstrecken (pateo – patui) |
| | **complere** | anfüllen (compleo – complevi – completum) |
| | **pedestres copiae** | Fußtruppen |
| | **paulum (Adverb)** | ein wenig |
| | **abducere** | wegführen (abduco – abduxi – abductum) |
| | **constituere** | aufstellen (constituo – constitui – constitutum) |
| 3 | **despectus, us m.** | Ausblick, Draufblick |
| | **campus** | Feld |
| | **concurrere** | zusammenlaufen (concurro – concurri – concursum) |
| | **gratulatio, gratulationis f.** | Glückwunsch |
| | **laetitia** | Freude |
| | **excitare** | anstacheln, antreiben |
| 4 | **producere** | vorführen, herausführen (produco – produxi – productum) |
| | **crates, cratis f.** | Flechtwerk, Reisigbündel |
| | **integere** | bedecken (intego – intexi – intectum) |
| | **agger, aggeris m.** | Damm |
| | **explere** | ausfüllen, auffüllen (expleo – explevi – expletum) |

**80** 1 Caesar omni exercitu ad utramque partem munitionum
disposito, ut, si usus veniat, suum quisque locum teneat
et noverit, equitatum ex castris educi et proelium
2 committi iubet. Erat ex omnibus castris, quae summum
undique iugum tenebant, despectus, atque omnes mili-
3 tes intenti pugnae proventum exspectabant. Galli inter
equites raros sagittarios expeditosque levis armaturae
interiecerant, qui suis cedentibus auxilio succurrerent
et nostrorum equitum impetus sustinerent. Ab his com-
4 plures de improviso vulnerati proelio excedebant. Cum
suos pugna superiores esse Galli confiderent et nostros
multitudine premi viderent, ex omnibus partibus et ii,

| | | |
|---|---|---|
| **80** | **uterque, utraque, utrumque** | jeder von beiden |
| | **usus venit** | es wird erforderlich |
| | **novisse** | kennen |
| 2 | **iugum** | Joch, Gebirgskamm |
| | **despectus, us m.** | Ausblick, Draufblick |
| | **intentus, a, um** | angespannt, aufmerksam |
| | **proventus, us m.** | Ausgang |
| 3 | **eques, equitis m.** | Reiter |
| | **rarus, a, um** | selten, Pl.: nur wenige |
| | **sagittarius** | Bogenschütze |
| | **expeditus levis armaturae** | Leichtbewaffneter |
| | **intericere** | dazwischenstellen (intericio – interieci – interiectum) |
| | **succurrere** | zu Hilfe eilen (succurro – succurri – succursum) |
| | **sustinere** | aushalten, aufhalten (sustineo – sustinui) |
| | **complures, complurium** | mehrere |
| | **de improviso** | unversehens, plötzlich |
| | **vulnerare** | verwunden |
| 4 | **sui, suorum** | ihre Leute |
| | **superior, superioris** | überlegen |
| | **premere** | drücken, bedrängen (premo – pressi – pressum) |

qui munitionibus continebantur, et ii, qui ad auxilium convenerant, clamore et ululatu suorum animos confir-
5 mabant. Quod in conspectu omnium res gerebatur neque recte aut turpiter factum celari poterat, utrosque et laudis cupiditas et timor ignominiae ad virtutem
6 excitabat. Cum a meridie prope ad solis occasum dubia victoria pugnaretur, Germani una in parte confertis turmis in hostes impetum fecerunt eosque propulerunt;
7 quibus in fugam coniectis sagittarii circumventi inter-
8 fectique sunt. Item ex reliquis partibus nostri cedentes usque ad castra insecuti sui colligendi facultatem non
9 dederunt. At ii, qui ab Alesia processerant, maesti prope victoria desperata se in oppidum receperunt.

*Unter großen Verlusten geschlagen, gaben die Gallier auf. Es setzte eine Flucht ein, viele wurden gefangengenommen oder niedergemacht, die übrigen zogen sich in ihre Heimat zurück.*

**89** 1 Postero die Vercingetorix concilio vocato id bellum suscepisse se non suarum necessitatum, sed communis
2 libertatis causa demonstrat, et quoniam sit fortunae cedendum, ad utramque rem se illis offerre, seu morte sua Romanis satisfacere seu vivum tradere velint.
3 Mittuntur de his rebus ad Caesarem legati. Iubet arma tradi, principes produci. Ipse in munitione pro castris
4 consedit; eo duces producuntur. Vercingetorix deditur,
5 arma proiciuntur. Reservatis Haeduis atque Arvernis, si per eos civitates reciperare posset, ex reliquis captivis toti exercitui capita singula praedae nomine distribuit.

| | | |
|---|---|---|
| | **munitio, munitionis f.** | Befestigungsaanlage |
| | **continere** | zusammenhalten, einengen (contineo – continui) |
| | **ululatus, us m.** | Geheul, Geschrei |
| 5 | **rectus, a, um** | richtig |
| | **factum** | substantiviertes Partizip v. facere |
| | **turpis, e** | schimpflich |
| | **utrique, utrorumque** | beide Seiten |
| | **laus, laudis f.** | Lob, Ruhm |
| | **ignominia** | Schande |
| | **excitare** | anstacheln, antreiben |
| 6 | **meridies, meridiei m.** | Mittag |
| | **prope (Adverb)** | beinahe, fast |
| | **occasus solis (occasus, us m.)** | Sonnenuntergang |
| | **confertae turmae** | dichtgedrängte Scharen |
| | **propellere** | vorwärtstreiben, vertreiben (propello – propuli – propulsum) |
| 7 | **sagittarius** | Bogenschütze |
| | **nostri, nostrorum** | unsere Leute |
| | **usque ad (m. Akk.)** | bis zu |
| 8 | **insequi** | folgen, verfolgen (insequor – insecutus sum) |
| | **se colligere** | sich sammeln, sich neu formieren (colligo – collegi – collectum) |
| 9 | **procedere** | voranschreiten (procedo – processi – processum) |
| | **maestus, a, um** | traurig, betrübt |
| | **desperare** | aufgeben, nicht mehr glauben an |
| **89** | **concilium** | Versammlung |
| | **suscipere** | aufnehmen (suscipio – suscepi – susceptum) |
| | **necessitas, necessitatis f.** | Notwendigkeit |
| 2 | **uterque, utraque, utrumque** | jeder von beiden |
| | **offerre** | entgegenbringen, anbieten (offero – obtuli – oblatum) |
| | **seu – seu** | sei es – sei es |
| | **satisfacere** | Genugtuung leisten (satisfacio – satisfeci – satisfactum) |
| 3 | **producere** | vorführen, ausliefern (produco – produxi – productum) |
| | **munitio, munitionis f.** | Befestigung, Befestigungsanlage |
| 4 | **eo (Ortsadverb)** | dorthin |
| | **reservare** | bewahren, verschonen |
| | **Haedui, orum** | die Häduer |
| | **Arverni, orum** | die Arverner |
| 4 | **proicere** | niederwerfen (proicio – proieci – proiectum) |
| 5 | **reciperare** | wieder für sich einnehmen |
| | **captivus** | Kriegsgefangener |
| | **singuli, orum** | einzelne, je einer |
| | **distribuere** | zuteilen (distribuo – distribui – distributum) |

# C. IULII CAESARIS COMMENTARII BELLI CIVILIS

## Der Ausbruch des Krieges: Buch I

*Im Jahre 55 v. Chr. war die Statthalterschaft Caesars in Gallien bis zum Ende des Jahres 49 verlängert worden. Zu Beginn des Jahres 49 – hier setzt das Werk ein – wollte sich Caesar um das Konsulat für 48 bewerben. Der Senat bestand allerdings darauf, daß er dies nicht in Abwesenheit tun dürfe, d. h. daß er seine Statthalterschaft niederlegen müsse. Caesar hätte also sofort in den Privatstand zurücktreten müssen, wäre ohne Heer dagestanden, was für ihn politischen Selbstmord bedeutet hätte, nachdem seine Gegner, allen voran Cato, offen erklärt hatten, ihn nach Ende seiner Statthalterschaft wegen Amtsmißbrauchs vor Gericht zu stellen. Caesars Gegenspieler Pompeius, Prokonsul von Spanien und mit großer Machtfülle ausgestattet, da er noch sein Kommando und damit sein Heer behalten durfte, hielt sich vor den Toren Roms auf, das er aber nach der Verfassung nicht betreten durfte.*

**1** 1 Litteris C. Caesaris consulibus redditis aegre ab his
impetratum est summa tribunorum plebis contentione,
ut in senatu recitarentur. Ut vero ex litteris ad senatum
referretur, impetrari non potuit. Referunt consules de
2 re publica. L. Lentulus consul senatui reique publicae
se non defuturum pollicetur, si audacter ac fortiter
3 sententias dicere velint; sin Caesarem respiciant atque
eius gratiam sequantur, ut superioribus fecerint tempo-
ribus, se sibi consilium capturum neque senatus aucto-
ritati obtemperaturum; habere se quoque ad Caesaris
gratiam atque amicitiam receptum. In eandem senten-
4 tiam loquitur Scipio: Pompeio esse in animo rei publi-
cae non deesse, si senatus sequatur; si cunctetur atque
agat lenius, nequiquam eius auxilium, si postea velit,
senatum imploraturum.

| | | |
|---|---|---|
| **1** | **litterae, arum** | Schreiben, Brief |
| | **reddere** | zurückgeben, übergeben (reddo – reddidi – redditum) |
| | **aegre (Adverb)** | mit Mühe |
| | **tribunus plebis** | Volkstribun |
| | **contentio, contentionis f.** | Kampf, Anstrengung |
| | **recitare** | vorlesen |
| | **vero (Adverb)** | aber |
| | **referre** | Bericht erstatten (refero – rettuli – relatum) |
| 2 | **non deesse** | sich nicht versagen, sich einsetzen (desum – defui) |
| | **polliceri** | versprechen (polliceor – pollicitus sum) |
| | **sententias dicere** | Anträge stellen |
| 3 | **sin** | wenn aber |
| | **respicere** | Rücksicht nehmen auf (respicio – respexi – respectum) |
| | **gratia** | Gunst, Sympathie |
| | **sequi** | hier: sich bemühen um |
| | **superioribus temporibus** | in früheren Zeiten |
| | **quoque (nachgestellt)** | auch |
| | **receptus, us m.** | Rückzug, Zuflucht |
| | **sententia** | Meinung |
| 4 | **in animo esse** | im Sinn haben |
| | **lenius (Adverb)** | zu milde, nicht entschieden genug |
| | **nequiquam** | vergeblich, umsonst |

**2** 1 Haec Scipionis oratio, quod senatus in urbe habebatur
Pompeiusque aderat, ex ipsius ore Pompei mitti vide-
2 batur. Dixerat aliquis leniorem sententiam, ut primo

| | | |
|---|---|---|
| **2** | **senatus habetur** | eine Senatssitzung findet statt |
| | **adesse** | hier: vor der Stadt stehen |
| | **os, oris n.** | Mund |
| 2 | **lenis, e** | milde, maßvoll |
| | **ut** | wie zum Beispiel |
| | **primo (Adverb)** | anfangs |

M. Marcellus, ingressus in eam orationem, non opor-
tere ante de ea re ad senatum referri, quam dilectus tota
Italia habiti et exercitus conscripti essent, quo praesi-
dio tuto et libere senatus, quae vellet, decernere aude-
3 ret; ut M. Calidius, qui censebat, ut Pompeius in suas
provincias proficisceretur, ne quae esset armorum cau-
sa; timere Caesarem correptis ab eo duabus legionibus,
ne ad eius periculum reservare et retinere eas ad urbem
Pompeius videretur; ut M. Rufus, qui sententiam Cali-
4 di paucis fere mutatis verbis sequebatur. Hi omnes
convicio L. Lentuli consulis correpti exagitabantur.
5 Lentulus sententiam Calidi pronuntiaturum se omnino
negavit, Marcellus perterritus conviciis a sua sententia
6 discessit. Sic vocibus consulis, terrore praesentis exer-
citus, minis amicorum Pompei plerique compulsi invi-
ti et coacti Scipionis sententiam sequuntur: ut ante
certum diem Caesar exercitum dimittat; si non faciat,
7 eum adversus rem publicam facturum videri. Interce-
dit M. Antonius Q. Cassius tribuni plebis. Refertur
confestim de intercessione tribunorum. Dicuntur sen-
tentiae graves; ut quisque acerbissime crudelissime-
que dixit, ita quam maxime ab inimicis Caesaris con-
laudatur.

3 1 Misso ad vesperum senatu omnes, qui sunt eius ordi-
nis, a Pompeio evocantur. Laudat promptos Pompeius
atque in posterum confirmat, segniores castigat atque
2 incitat. Multi undique ex veteribus Pompei exercitibus
spe praemiorum atque ordinum evocantur, multi ex
duabus legionibus, quae sunt traditae a Caesare, arces-
3 suntur. Completur urbs et ipsum comitium tribunis,
4 centurionibus, evocatis. Omnes amici consulum, ne-
cessarii Pompei atque ii, qui veteres inimicitias cum
5 Caesare gerebant, in senatum coguntur. Quorum voci-
bus et concursu terrentur infirmiores, dubii confirman-
tur, plerisque vero libere decernendi potestas eripitur.
6 Pollicetur L. Piso censor sese iturum ad Caesarem,

| | | |
|---|---|---|
| | **M. Marcellus** | Konsul des Jahres 49 |
| | **ingredi in eam orationem** | seine Rede so beginnen (ingredior – ingressus sum) |
| | **ante – quam** | eher – als |
| | **ad senatum referre** | beim Senat einen Antrag stellen (refero – rettuli – relatum) |
| | **dilectus, us m.** | Aushebung, Rekrutierung |
| | **exercitum conscribere** | ein Heer ausheben (conscribo – conscripsi – conscriptum) |
| | **liber, libera, liberum** | frei, ungezwungen |
| 3 | **M. Calidius** | Anhänger Caesars |
| | **corripere** | wegnehmen (corripio – corripui – correptum) |
| | **reservare** | aufsparen |
| | **retinere** | zurückhalten (retineo – retinui – retentum) |
| 4 | **M. Rufus** | Anhänger Caesars |
| | **pauci fere** | fast nur wenige |
| | **convicium** | Einwurf |
| | **correptus, a, um** | scharf angegriffen |
| | **exagitare** | zurechtweisen |
| 5 | **pronuntiare** | zur Abstimmung bringen |
| | **convicium** | Einwurf, Zwischenruf |
| 6 | **vox, vocis f.** | Stimme, Wort |
| | **praesens, praesentis** | anwesend |
| | **minae, arum** | Drohungen |
| | **compellere** | beeindrucken (compello – compuli – compulsum) |
| | **invitus, a, um** | gegen den eigenen Willen |
| | **sententiam sequi** | für den Antrag stimmen |
| | **dimittere** | entlassen (dimitto – dimisi – dimissum) |
| 7 | **intercedere** | sein Veto einlegen (intercedo – intercessi – intercessum) |
| | **M. Antonius; Q. Cassius** | Volkstribunen |
| | **referre** | berichten, verhandeln (refero – rettuli – relatum) |
| | **confestim (Adverb)** | sofort, unverzüglich |
| | **intercessio, intercessionis f.** | Einspruch |
| | **gravis, e** | gewichtig, bedrohlich |
| | **acerbus, a, um** | scharf, heftig |
| | **quam maxime** | am meisten |
| | **conlaudari** | gelobt werden, Beifall bekommen |
| 3 | **senatum mittere** | die Senatssitzung beenden |
| | **evocare** | herausrufen, rufen |
| | **promptus, a, um** | entschlossen, willfährig |
| | **in posterum** | für später |
| | **confirmare** | bekräftigen, ermutigen |
| | **segnis, e** | langsam, träge, säumig |
| | **castigare** | zurechtweisen |
| | **incitare** | antreiben, anspornen |
| 2 | **praemium** | Belohnung |
| | **ordo, ordinis m.** | hier: Beförderung |
| | **evocari** | sich anwerben lassen |
| 3 | **complere** | anfüllen (compleo – complevi – completum) |
| | **comitium** | Versammlungsplatz, Komitium |
| | **evocatus** | hier: wiedereinberufener Veteran |
| 4 | **necessarius** | Verwandter, Anhänger |
| | **inimicitiae, arum** | Feindschaften |
| 5 | **concursus, us m.** | Zusammenströmen |
| | **infirmus, a, um** | unsicher, schwankend |
| | **vero (Adverb)** | aber |
| | **liber, libera, liberum** | frei |
| 6 | **polliceri** | versprechen (polliceor – pollicitus sum) |
| | **L Piso censor** | der Zensor L. Piso |

item L. Roscius praetor, qui de his rebus eum doceant; sex dies ad eam rem conficiendam spatii postulant.
7 Dicuntur etiam ab nonnullis sententiae, ut legati ad Caesarem mittantur, qui voluntatem senatus ei proponant.

4 1 Omnibus his resistitur omnibusque oratio consulis, Scipionis, Catonis opponitur. Catonem veteres ini-
2 micitiae Caesaris incitant et dolor repulsae. Lentulus aeris alieni magnitudine et spe exercitus ac provinciarum et regum appellandorum largitionibus movetur seque alterum fore Sullam inter suos gloriatur, ad quem summa imperii redeat.
3 Scipionem eadem spes provinciae atque exercituum impellit, quos se pro necessitudine partiturum cum Pompeio arbitratur, simul iudiciorum metus atque ostentatio sui et adulatio potentium, qui in re publica iu-
4 diciisque tum plurimum pollebant. Ipse Pompeius ab inimicis Caesaris incitatus, et quod neminem dignitate secum exaequari volebat, totum se ab eius amicitia averterat et cum communibus inimicis in gratiam redierat, quorum ipse maximam partem illo affinitatis
5 tempore iniunxerat Caesari. Simul infamia duarum legionum permotus, quas ab itinere Asiae Syriaeque ad suam potentiam dominatumque converterat, rem ad arma deduci studebat.

5 1 His de causis aguntur omnia raptim atque turbate. Nec docendi Caesaris propinquis eius spatium datur, nec tribunis plebis sui periculi deprecandi neque etiam
2 extremi iuris intercessione retinendi, quod L. Sulla reliquerat, facultas tribuitur, sed de sua salute septimo die cogitare coguntur, quod illi turbulentissimi supe-

| | | |
|---|---|---|
| | **L. Roscius praetor** | der Prätor L. Roscius |
| | **sex dies spatii** | eine Frist von sechs Tagen |
| | **conficere** | vollenden, erledigen (conficio – confeci – confectum) |
| 7 | **sententias dicere** | Anträge stellen |
| | **voluntas, voluntatis f.** | Wille, Absicht, Beschluß |
| | **proponere** | vorlegen, übermitteln (propono – proposui – propositum) |
| 4 | **Scipio, Scipionis** | Statthalter von Syrien |
| | **Cato, Catonis** | Gegenspieler Caesars |
| | **opponere** | entgegenhalten (oppono – opposui – oppositum) |
| | **incitare** | anspornen |
| | **repulsa** | Niederlage bei der Wahl |
| 2 | **Lentulus** | Konsul des Jahres 49 |
| | **aes alienum, aeris alieni** | Schulden |
| | **regum appellandorum largitio** | Schenkung der Könige bei der |
| | **(largitio, largitionis f.)** | Verleihung des Königstitels |
| | **alter, altera, alterum** | der andere, ein zweiter |
| | **sui, suorum** | seine Leute |
| | **summa imperii** | die höchste Macht |
| | **redire** | zurückkehren, fallen an (redeo – redii – reditum) |
| 3 | **impellere** | antreiben (impello – impuli – impulsum) |
| | **necessitudo, necessitudinis f.** | Verwandtschaft |
| | **partiri** | teilen |
| | **iudicium** | hier: Prozeß |
| | **ostentatio sui (ostentationis f.)** | Wichtigtuerei |
| | **adulatio, adulationis f.** | Schmeichelei, Kriecherei |
| | **potens, potentis** | mächtig, einflußreich |
| | **iudicia, orum** | hier: Rechtswesen |
| | **plurimum pollere** | den größten Einfluß haben (polleo – pollui) |
| | **inimicus** | Feind, Gegner |
| 4 | **incitare** | anstacheln, aufhetzen |
| | **dignitas, dignitatis f.** | Würde, hohe Stellung |
| | **exaequari** | gleichkommen |
| | **se avertere** | sich abwenden (averto – averti – aversum) |
| | **in gratiam redire** | sich wieder aussöhnen (redeo – redii – reditum) |
| | **affinitas, affinitatis f.** | Verwandtschaft |
| | **iniungere** | hier: mit einbringen (iniungo – iniunxi – iniunctum) |
| 5 | **infamia (m. Gen.)** | schlechtes Gewissen wegen etwas |
| | **permovere** | sehr bewegen (permoveo – permovi – permotum) |
| | **iter Asiae Syriaeque** | Marsch nach Asien und Syrien |
| | **dominatus, us m.** | Alleinherrschaft |
| | **convertere** | hier: heranholen (converto – converti – conversum) |
| | **deducere** | hinführen (deduco – deduxi – deductum) |
| 5 | **raptim (Adverb)** | überstürzt |
| | **turbate (Adverb)** | Hals über Kopf |
| | **propinquus** | Verwandter, Anhänger |
| | **spatium** | Raum, Zeit(raum) |
| | **tribunus plebis** | Volkstribun |
| | **deprecari** | abwenden |
| | **extremum ius intercessione** | das letzte Recht des Einspruchs |
| | **retinere** | wahren |
| 2 | **salus, salutis f.** | Wohlergehen, Heil |
| | **septimus, a, um** | der siebte |
| | **turbulentus, a, um** | aufrührerisch |

rioribus temporibus tribuni plebis post octo denique
menses variarum actionum respicere ac timere consu-
everant.
3 Decurritur ad illum extremum atque ultimum senatus
consultum, quo nisi paene in ipso urbis incendio atque
in desperatione omnium salutis paucorum audacia
numquam ante descensum est: dent operam consules,
praetores, tribuni plebis, quique pro consulibus sunt ad
4 urbem, ne quid res publica detrimenti capiat. Haec
senatus consulto perscribuntur a. d. VII Id. Ian. Itaque
V primis diebus, quibus haberi senatus potuit, qua ex
die consulatum iniit Lentulus, biduo excepto comitiali
et de imperio Caesaris et de amplissimis viris, tribunis
5 plebis, gravissime acerbissimeque decernitur. Profu-
giunt statim ex urbe tribuni plebis seseque ad Caesarem
conferunt. Is eo tempore erat Ravennae exspectabat-
que suis lenissimis postulatis responsa, si qua homi-
num aequitate res ad otium deduci posset.

| | | |
|---|---|---|
| | **superioribus temporibus** | in früheren Zeiten |
| | **post octo denique menses** | erst nach acht Monaten |
| | **varius, a, um** | verschiedenartig |
| | **actio, actionis f.** | Handlung, Amtshandlung |
| | **respicere** | beachten, ins Auge fassen (respicio – respexi – respectum) |
| | **consuevi** | ich bin gewohnt |
| 3 | **decurrere** | schreiten zu (decurro – decurri – decursum) |
| | **ultimus, a, um** | der letzte |
| | **quo (Ortsadverb)** | wohin, wozu |
| | **paene** | beinahe |
| | **desperatio, desperationis f.** | Verzweiflung |
| | **audacia** | Dreistigkeit |
| | **ante (Adverb)** | zuvor |
| | **descendere** | hier: sich versteigen (descendo – descendi – descensum) |
| | **operam dare** | sich Mühe geben, dafür sorgen |
| | **pro consulibus esse** | mit konsularischer Gewalt ausgestattet sein |
| 4 | **perscribere** | aufschreiben, protokollieren |
| | **a. d. VII Id. Ian.** | am 7. Januar |
| | **senatum habere** | eine Senatssitzung abhalten |
| | **consulatum inire** | sein Konsulat antreten (ineo – inii – initum) |
| | **biduo excepto comitiali** | ausgenommen zwei Tage, an denen über Wahlen entschieden wurde |
| | **amplissimus, a, um** | sehr hochstehend, bedeutend |
| | **gravis, e** | schwerwiegend |
| | **acerbus, a,um** | bitter, scharf, rücksichtslos |
| 5 | **sese conferre** | sich begeben (confero – contuli) |
| | **Ravennae** | in Ravenna |
| | **lenissima postulata** | äußerst maßvolle Forderungen |
| | **responsum** | Antwort |
| | **si** | hier: ob |
| | **aequitas, aequitatis f.** | Gerechtigkeit |
| | **ad otium deducere** | etwas friedlich beilegen |

6 1 Proximis diebus habetur extra urbem senatus. Pompei-
us eadem illa, quae per Scipionem ostenderat, agit,
senatus virtutem constantiamque collaudat, copias suas
2 exponit: legiones habere sese paratas decem; praeterea
cognitum compertumque sibi alieno esse animo in
Caesarem milites, neque iis posse persuaderi, ut eum
3 defendant aut sequantur. De reliquis rebus ad senatum
refertur: tota Italia dilectus habeatur; Faustus Sulla pro
praetore in Mauretaniam mittatur; pecunia ut ex aera-
rio Pompeio detur. Refertur etiam de rege Iuba, ut
4 socius sit atque amicus. Marcellus non passurum se
esse in praesentia negat; de Fausto impedit Philippus
5 tribunus plebis. De reliquis rebus senatus consulta
perscribuntur. Provinciae privatis decernuntur, duae
consulares, reliquae praetoriae.

| | | |
|---|---|---|
| 6 | **senatum habere** | eine Senatssitzung abhalten |
| | **constantia** | standhafte Haltung |
| | **collaudare** | loben |
| | **exponere** | offen darlegen (expono – exposui – expositum) |
| | **legiones paratae** | schlagkräftige Legionen |
| | **decem** | zehn |
| 2 | **praeterea** | außerdem |
| | **cognitum compertumque est** | es ist genau bekannt |
| | **alieno animo esse** | schlecht gestimmt sein |
| 3 | **ad senatum referre** | Anträge beim Senat einbringen (refero – rettuli – relatum) |
| | **dilectus, us m.** | Aushebung, Rekrutierung |
| | **Faustus Sulla** | Sohn des Sulla, Schwiegersohn des Pompeius |
| | **pro praetore** | als Proprätor |
| | **Mauretania** | Mauretanien (afrikanisches Königsreich) |
| | **pecunia** | Geld |
| | **aerarium** | Staatskasse, Staatsschatz |
| | **Iuba** | König von Numidien |
| | **Marcellus** | Konsul des Jahres 49 |
| 4 | **in praesentia** | zum gegenwärtigen Zeitpunkt |
| | **negare** | verweigern, ablehnen |
| 5 | **perscribere** | aufschreiben, protokollieren |
| | **privatus** | Privatmann |
| | **decernere** | hier: zusprechen |
| | **provinciae consulares** | konsularische Provinzen |
| | **provinciae praetoriae** | prätorische Provinzen |

Scipioni obvenit Syria, L. Domitio Gallia. Philippus et
Cotta privato consilio praetereuntur, neque eorum sor-
6 tes deiciuntur. In reliquas provincias praetores mittun-
tur. Neque exspectant – quod superioribus annis acci-
derat – ut de eorum imperio ad populum feratur palu-
7 datique votis nuncupatis exeant. Consules – quod ante
id tempus accidit numquam – ex urbe proficiscuntur,
lictoresque habent in urbe et Capitolio privati contra
8 omnia vetustatis exempla. Tota Italia dilectus haben-
tur, arma imperantur, pecuniae a municipiis exiguntur,
e fanis tolluntur, omnia divina humanaque iura per-
miscentur.

| | | |
|---|---|---|
| | **obvenire** | hier: zufallen |
| | **Syria** | Syrien |
| | **L. Domitius** | Konsul 54, Gegner Caesars |
| | **Philippus** | Schwiegervater Catos |
| | **Cotta** | Konsul 65 |
| | **privato consilio** | aufgrund geheimer Abmachung |
| | **praeterire** | übergehen (praetereo – praeterii – praeteritum) |
| | **sortes deicere** | die Lose in die Urne werfen |
| 6 | **superioribus annis** | in den vorangegangenen Jahren |
| | **ad populum ferre** | hier: einen Antrag beim Volk stellen |
| | **paludatus, a, um** | mit dem Kriegsmantel bekleidet |
| | **votum nuncupare** | das Gelöbnis ablegen |
| | **exire** | hier: aus Rom ausziehen |
| 7 | **lictor, lictoris m.** | Liktor |
| | **Capitolium** | Kapitol |
| | **privatus** | Privatperson |
| | **vetustatis exempla** | Gepflogenheit früherer Zeit |
| 8 | **municipium** | Landstadt |
| | **exigere** | heraustreiben, einfordern (exigo – exegi – exactum) |
| | **fanum** | Heiligtum |
| | **tollere** | wegnehmen (tollo – sustuli – sublatum) |
| | **divinus, a, um** | göttlich |
| | **permiscere** | vermischen, auf den Kopf stellen (permisceo – permiscui – permixtum) |

## Die Schlacht bei Pharsalos: Buch III

90 1 Caesar cum exercitum militari more ad pugnam co-
hortaretur suaque in eum perpetui temporis officia
praedicaret, imprimis commemoravit testibus se mili-
tibus uti posse, quanto studio pacem petivisset, quae
per Vatinium in colloquiis, quae per Aulum Clodium
cum Scipione egisset, quibus modis ad Oricum cum
2 Libone de mittendis legatis contendisset. Neque se
umquam abuti militum sanguine neque rem publicam
3 alterutro exercitu privare voluisse. Hac habita oratione
exposcentibus militibus et studio pugnae ardentibus
tuba signum dedit.

| | | |
|---|---|---|
| **90** | **militari more** | nach militärischem Brauch |
| | **cohortari** | aufmuntern, anfeuern |
| | **perpetui temporis officia** | ununterbrochen erwiesene Dienste |
| | **praedicare** | preisen, lobend hinweisen auf |
| | **imprimis (Adverb)** | besonders, vor allem |
| | **Vatinius** | Legat Caesars schon in Gallien |
| | **Aulus Clodius** | Vertrauter Caesars |
| | **Scipio, Scipionis** | Gegner Caesars |
| | **Oricum** | Stadt in Epirus |
| | **Libo, Libonis** | Flottenkommandant des Pompeius |
| 2 | **umquam** | jemals |
| | **abuti (m. Abl.)** | mißbrauchen (abutor – abusus sum) |
| | **sanguis, sanguinis m.** | Blut |
| | **alteruter, alterutra, alterutrum** | der eine oder der andere |
| | **privare** | berauben |
| 3 | **exposcere** | stürmisch fordern (exposco – expoposci) |
| | **ardere** | brennen, glühen (ardeo – arsi – arsum) |
| | **tuba signum dare** | das Trompetensignal geben |

92 1 Inter duas acies tantum erat relictum spatii, ut satis
esset ad concursum utriusque exercitus.
2 Sed Pompeius suis praedixerat, ut Caesaris impetum

| | | |
|---|---|---|
| **92** | **tantum spatii** | so viel Zwischenraum |
| | **satis** | ausreichend, genug |
| | **concursus, us m.** | Zusammenlaufen |
| | **uterque exercitus** | beide Heere |
| 2 | **praedicere** | vorher sagen (praedico – praedixi – praedictum) |

exciperent neve se loco moverent aciemque distrahi
paterentur; idque admonitu C. Triari fecisse dicebatur,
ut primus excursus visque militum infringeretur acies-
que distenderetur, atque in suis ordinibus dispositi
3 dispersos adorirentur; leviusque casura pila sperabat in
loco retentis militibus, quam si ipsi immissis telis
occurrissent, simul fore, ut duplicato cursu Caesaris
4 milites exanimarentur et lassitudine conficerentur. Quod
nobis quidem nulla ratione factum a Pompeio videtur,
propterea quod est quaedam animi incitatio atque alacri-
tas naturaliter innata omnibus, quae studio pugnae
5 incenditur. Hanc non reprimere, sed augere imperato-
res debent; neque frustra antiquitus institutum est, ut
signa undique concinerent clamoremque universi tol-
lerent; quibus rebus et hostes terreri et suos incitari
existimaverunt.

| | | |
|---|---|---|
| | **excipere** | auffangen (excipio – excepi – exceptum) |
| | **neve** | und daß nicht |
| | **distrahere** | auseinanderziehen (distraho – distraxi – distractum) |
| | **admonitus, us m.** | Mahnung, Drängen |
| | **C. Triarius** | Flottenkommndant des Pompeius |
| | **excursus, us m.** | Ansturm |
| | **infringere** | brechen (infringo – infregi – infractum) |
| | **distendere** | sprengen (distendo – distendi – distentum) |
| | **in ordinibus dispositus, a, um** | in Reih und Glied geordnet |
| | **dispergere** | zerstreuen, zersprengen (dispergo – dispersi – dispersum) |
| | **adoriri** | angreifen (adorior – adortus sum) |
| 3 | **levis, e** | leicht |
| | **cadere** | hier: treffen |
| | **retinere** | zurückhalten (retineo – retinui – retentum) |
| | **duplicare** | verdoppeln |
| | **exanimari** | außer Atem kommen |
| | **lassitudo, lassitudinis f.** | Ermüdung, Erschöpfung |
| | **confici** | hier: sich erschöpfen |
| | **quidem** | freilich |
| 4 | **nulla ratione** | ohne Überlegung |
| | **propterea quod** | deswegen weil |
| | **animi incitatio (incitationis f.)** | innerer Antrieb |
| | **alacritas, alacritatis f.** | Schwung, Begeisterung |
| | **naturaliter** | von Natur aus |
| | **innatus, a, um** | angeboren |
| 5 | **reprimere** | zurückdrängen (reprimo – repressi – repressum) |
| | **antiquitus (Adverb)** | seit alters her |
| | **institutum** | Einrichtung, Brauch |
| | **signa** | Signaltrompeten |
| | **concinere** | ertönen (concino – concinui) |
| | **clamorem tollere** | Geschrei erheben |
| | **universi, ae, a** | alle insgesamt |

93 1 Sed nostri milites dato signo cum infestis pilis procucur-
rissent atque animadvertissent non concurri a Pom-
peianis, usu periti ac superioribus pugnis exercitati sua
sponte cursum represserunt et ad medium fere spatium
constiterunt, ne consumptis viribus appropinquarent,
parvoque intermisso temporis spatio ac rursus renova-
to cursu pila miserunt celeriterque, ut erat praeceptum
2 a Caesare, gladios strinxerunt. Neque vero Pompeiani
huic rei defuerunt. Nam et tela missa exceperunt et

| | | |
|---|---|---|
| **93** | **infestis pilis** | mit wurfbereiten Speeren |
| | **procurrere** | vorstürmen (procurro – procucurri – procursum) |
| | **concurrere** | zusammenlaufen (concurro – concurri – concursum) |
| | **Pompeiani, orum** | die Soldaten des Pompeius |
| | **superiores pugnae** | frühere Schlachten |
| | **exercitatus, a, um** | geübt |
| | **sua sponte** | von sich aus |
| | **reprimere** | zurückdrängen, bremsen (reprimo – repressi – repressum) |
| | **ad medium fere spatium** | etwa in der Mitte |
| | **intermittere** | dazwischenlassen, vergehen lassen (intermitto – intermisi – intermissum) |
| | **spatium temporis** | Zeitraum, Zeitspanne |
| | **rursus (Adverb)** | wiederum |
| | **renovare** | wieder aufnehmen |
| | **praecipere** | vorschreiben (praecipio – praecepi – praeceptum) |
| | **stringere** | zücken (stringo – strinxi – strictum) |
| 2 | **neque vero** | aber auch nicht |
| | **deesse (m. Dat.)** | es fehlen lassen an (desum – defui) |
| | **excipere** | auffangen (excipio – excepi – exceptum) |

impetum legionum tulerunt et ordines conservaverunt
3 pilisque missis ad gladios redierunt. Eodem tempore
equites ab sinistro Pompei cornu, ut erat imperatum,
universi procucurrerunt, omnisque multitudo sagitta-
4 riorum se profudit. Quorum impetum noster equitatus
non tulit, sed paulum loco motus cessit, equitesque
Pompei hoc acrius instare et se turmatim explicare
aciemque nostram a latere aperto circumire coeperunt.
5 Quod ubi Caesar animadvertit, quartae aciei, quam
6 instituerat sex cohortium numero, dedit signum. Illae
celeriter procucurrerunt infestisque signis tanta vi in
Pompei equites impetum fecerunt, ut eorum nemo
consisteret, omnesque conversi non solum loco exce-
derent, sed protinus incitati fuga montes altissimos
7 peterent. Quibus submotis omnes sagittarii funditores-
que destituti inermes sine praesidio interfecti sunt.
8 Eodem impetu cohortes sinistrum cornu pugnantibus
etiam tum ac resistentibus in acie Pompeianis circum-
ierunt eosque a tergo sunt adortae.

| | | |
|---|---|---|
| | **ordines conservare** | in Reih und Glied bleiben |
| | **redire ad gladios** | zu den Schwertern greifen (redeo – redii – reditum) |
| | **eques, equitis m.** | Reiter |
| 3 | **sinister, sinistra, sinistrum** | links |
| | **universi, ae, a** | alle insgesamt |
| | **sagittarius** | Bogenschütze |
| | **se profundere** | ausschwärmen, sich ergießen (profundo – profudi – profusum) |
| 4 | **paulum (Adverb)** | ein wenig |
| | **hoc acrius** | umso heftiger |
| | **se explicare** | sich entfalten |
| | **turmatim** | schwadronsweise |
| | **a latere aperto** | von der offenen Flaanken her |
| | **circumire** | umzingeln (circumeo – circumii – circumitum) |
| 5 | **quartus, a, um** | der vierte |
| | **instituere** | einrichten, formieren (instituo – institui – institutum) |
| | **sex cohortium numero** | aus den sechs Kohorten |
| 6 | **infesta signa** | zum Feind gerichtete Feldzeichen |
| | **consistere** | standhalten (consisto – constiti) |
| | **conversus, a, um** | umgedreht |
| | **protinus (Adverb)** | sofort |
| | **incitatus fuga** | in wilder Flucht |
| | **submovere** | zurückwerfen (submoveo – submovi – submotum) |
| 7 | **funditor, funditoris m.** | Schleuderer |
| | **destitutus, a, um** | allein gelassen, wehrlos |
| | **inermis, e** | ohne Waffen, ohne Deckung |
| 8 | **a tergo** | im Rücken, von hinten |
| | **adoriri** | angreifen (adorior – adortus sum) |

94 1 Eodem tempore tertiam aciem Caesar, quae quieta
fuerat et se ad id tempus loco tenuerat, procurrere
2 iussit. Ita cum recentes atque integri defessis successis-
sent, alii autem a tergo adorirentur, sustinere Pompeia-
3 ni non potuerunt atque universi terga verterunt. Neque
vero Caesarem fefellit, quin ab iis cohortibus, quae
contra equitatum in quarta acie collocatae essent, ini-
tium victoriae oriretur, ut ipse in cohortandis militibus
4 pronuntiaverat. Ab his enim primum equitatus est
pulsus, ab isdem factae caedes sagittariorum ac fundi-
torum, ab isdem acies Pompeiana a sinistra parte erat
5 circumita atque initium fugae factum. Sed Pompeius ut
equitatum suum pulsum vidit atque eam partem, cui
maxime confidebat, perterritam animadvertit, sibi aliis-
que diffisus acie excessit protinusque se in castra equo
contulit, et iis centurionibus, quos in statione ad prae-
toriam portam posuerat, clare, ut milites exaudirent,
„Tuemini“, inquit, „castra et defendite diligenter, si-
6 quid durius acciderit. Ego reliquas portas circumeo et
castrorum praesidia confirmo.“

| | | |
|---|---|---|
| 94 | **tertius, a, um** | der dritte |
| | **quietus, a, um** | ruhig |
| 2 | **recentes atque integri** | frische und unverbrauchte Leute |
| | **defessus, a, um** | ermüdet, erschöpft |
| | **succedere** | nachrücken (succedo – successi – successum) |
| | **sustinere** | aushalten, aufhalten (sustineo – sustinui) |
| | **terga vertere** | fliehen (verto – verti – versum) |
| 3 | **quin (m. Konj.)** | hier: daß |
| | **collocare** | aufstellen |
| | **oriri** | entstehen (orior – ortus sum) |
| | **cohortari** | ermahnen, ermuntern |
| | **pronuntiare** | ankündigen |
| 4 | **enim** | nämlich |
| | **primum (Adverb)** | zuerst |
| | **sagittarius** | Bogenschütze |
| | **funditor, funditoris m.** | Schleuderer |
| | **a sinistra parte** | auf der linken Seite |
| | **circumire** | umzingeln (circumeo – circumii – circumitum) |
| 5 | **protinus (Adverb)** | unverzüglich, sofort |
| | **se equo conferre** | reiten (confero – contuli) |
| | **in statione ponere** | als Wachposten aufstellen (pono – posui – positum) |
| | **praetoria porta** | das Haupttor des Lagers |
| | **clarus, a, um** | hell, klar, laut |
| | **exaudire** | deutlich hören |
| | **inquit** (in die Rede eingeschoben) | sagte er |
| | **diligens, diligentis** | sorgfältig, gewissenhaft |
| | **siquid** | falls etwas |
| | **durus, a, um** | hart, schlimm |
| 6 | **circumire** | hier: kontrollieren |

Haec cum dixisset, se in praetorium contulit summae rei diffidens et tamen eventum exspectans.

| | |
|---|---|
| **se conferre** | sich begeben (confero – contuli) |
| **praetorium** | Feldherrnzelt |
| **summa res** | hier: glücklicher Ausgang |

**95** 1 Caesar Pompeianis ex fuga intra vallum compulsis
nullum spatium perterritis dari oportere existimans
milites cohortatus est, ut beneficio fortunae uterentur
2 castraque oppugnarent. Qui etsi magno aestu fatigati –
nam ad meridiem res erat perducta – tamen ad omnem
3 laborem animo parati imperio paruerunt. Castra a co-
hortibus, quae ibi praesidio erant relictae, industriose
defendebantur, multo etiam acrius a Thracibus barba-
4 risque auxiliis. Nam qui acie refugerant milites, et
animo perterriti et lassitudine confecti, missis plerique
armis signisque militaribus magis de reliqua fuga quam
5 de castrorum defensione cogitabant. Neque vero diuti-
us, qui in vallo constiterant, multitudinem telorum
sustinere potuerunt, sed confecti vulneribus locum
reliquerunt, protinusque omnes ducibus usi centurioni-
bus tribunisque militum in altissimos montes, qui ad
castra pertinebant, confugerunt.

| | | |
|---|---|---|
| **95** | **compellere** | zusammentreiben (compello – compuli – compulsum) |
| | **spatium** | hier: Atempause |
| | **beneficium** | Wohltat; hier: Gunst |
| | **oppugnare** | erstürmen |
| 2 | **fatigatus, a, um** | ermüdet, erschöpft |
| | **nam** | denn |
| | **meridies, ei f.** | Mittag |
| | **perducere** | hinführen (perduco – perduxi – perductum) |
| 3 | **industriosus, a, um** | eifrig, energisch |
| | **multo acrius** | viel erbitterter |
| | **Thraces, Thracum** | die Thraker |
| | **barbara auxilia** | barbarische (fremde) Hilfstruppen |
| 4 | **refugere** | flüchten aus (refugio – refugi – refugitum) |
| | **lassitudo, lassitudinis f.** | Erschöpfung |
| | **confectus, a, um** | völlig am Ende |
| | **mittere** | hier: verlieren (mitto – misi – missum) |
| | **signa militaria** | Feldzeichen |
| | **magis – quam** | mehr – als |
| | **defensio, defensionis f.** | Verteidigung |
| 5 | **neque vero** | indessen aber |
| | **sustinere** | aushalten, aufhalten (sustineo – sustinui) |
| | **vulnus, vulneris n.** | Wunde |
| | **tribunus militum** | Militärtribun |
| | **pertinere** | sich erstrecken, heranreichen (pertineo – pertinui) |
| | **confugere** | fliehen, sich flüchten (confugio – confugi – confugitum) |

**97** 1 Caesar castris potitus a militibus contendit, ne in prae-
da occupati reliqui negotii gerendi facultatem dimitte-
2 rent. Qua re impetrata montem opere circummunire
instituit. Pompeiani, quod is mons erat sine aqua,
diffisi ei loco relicto monte universi iugis eius Larisam
3 versus se recipere coeperunt. Qua re animadversa
Caesar copias suas divisit partemque legionum in
castris Pompei remanere iussit, partem in sua castra
remisit, quattuor secum legiones duxit commodiore-
que itinere Pompeianis occurrere coepit et progressus
4 milia passuum sex aciem instruxit. Qua re animadversa
Pompeiani in quodam monte constiterunt. Hunc mon-
tem flumen subluebat. Caesar milites cohortatus est,

| | | |
|---|---|---|
| **97** | **contendere** | hier: verlangen (contendo – contendi) |
| | **praeda** | Beute |
| | **occupatus, a, um** | beschäftigt |
| | **negotium** | Aufgabe, Pflicht |
| | **dimittere** | entlassen, aus den Händen lassen (dimitto – dimisi – dimissum) |
| 2 | **opus, operis n.** | Schanzarbeit, Wall und Graben |
| | **circummunire** | ringsum befestigen, sichern |
| | **instituere** | sich darauf einrichten, beginnen (instituo – institui – institutum) |
| | **universi, ae, a** | alle insgesamt |
| | **iugum** | Gebirgsrücken, Höhenrücken |
| | **versus (m. Akk.)** | gegen, in Richtung |
| | **Larisa** | Larisa (Stadt in Thessalien) |
| | **se recipere** | sich zurückziehen (recipio – recepi – receptum) |
| 3 | **remanere** | zurückbleiben (remaneo – remansi – remansum) |
| | **remittere** | zurückschicken (remitto – remisi – remissum) |
| | **quattuor** | vier |
| | **commodus, a, um** | bequem |
| | **progredi** | vorwärtsmarschieren (progredior – progressus sum) |
| | **sex milia passuum** | sechs Meilen |
| 4 | **subluere** | von unten bespülen (subluo – sublui) |
| | **cohortari** | ermahnen, anfeuern |

etsi totius diei continenti labore erant confecti noxque iam suberat, tamen munitione flumen a monte seclusit, ne noctu aquari Pompeiani possent. Quo perfecto opere illi de deditione missis legatis agere coeperunt. Pauci ordinis senatorii, qui se cum iis coniunxerant, nocte fuga salutem petiverunt.

**98** 1 Caesar prima luce omnes eos, qui in monte consederant,
ex superioribus locis in planitiem descendere atque
2 arma proicere iussit. Quod ubi sine recusatione fecerunt
passisque palmis proiecti ad terram flentes ab eo
salutem petiverunt, consolatus consurgere iussit et
pauca apud eos de lenitate sua locututs, quo minore
essent timore, omnes conservavit militibusque suis
commendavit, ne qui eorum violaretur, neu quid sui
3 desiderarent. Hac adhibita diligentia ex castris sibi
legiones alias occurrere et eas, quas secum duxerat,
invicem requiescere atque in castra reverti iussit
eodemque die Larisam pervenit.

**102** 1 Caesar omnibus rebus relictis persequendum sibi Pom-
peium existimavit, quascumque in partes se ex fuga
recepisset, ne rursus copias comparare alias et bellum
renovare posset, et quantumcumque itineris equitatu
efficere poterat, cottidie progrediebatur legionemque
2 unam minoribus itineribus subsequi iussit. Erat edictum
Pompei nomine Amphipoli propositum, ut omnes eius
provinciae iuniores, Graeci civesque Romani, iurandi
3 causa convenirent. Sed utrum avertendae suspicionis
causa Pompeius proposuisset, ut quam diutissime
longioris fugae consilium occultaret, an novis
dilectibus, si nemo premeret, Macedoniam tenere
4 conaretur, existimari non poterat. Ipse ad ancoram una

| | | |
|---|---|---|
| | **continens, continentis** | ununterbrochen |
| | **confectus, a, um** | erschöpft, „fix und fertig" |
| | **subesse** | nahe sein (subsum – subfui) |
| | **munitio, munitionis f.** | Befestigungsanlage |
| | **secludere** | abschneiden (secludo – seclusi – seclusum) |
| | **aquari** | Wasser holen |
| | **ordinis senatorii** | senatorischen Ranges |
| | **se coniungere (m. Dat.)** | sich jemandem anschließen (coniungo – coniunxi – coniunctum) |
| | **salus, salutis f.** | Wohlergehen, Heil |
| **98** | **descendere** | herabsteigen (descendo – descendi – descensum) |
| | **proicere** | zu Boden werfen (proicio – proieci – proiectum) |
| 2 | **recusatio, recusationis f.** | Weigerung |
| | **passis palmis** | mit ausgestreckten Armen |
| | **flere** | weinen (fleo – flevi – fletum) |
| | **consolari** | trösten, Mut zusprechen |
| | **consurgere** | aufstehen, sich erheben (consurgo – consurrexi) |
| | **lenitas, lenitatis f.** | Milde |
| | **quo (m. Komp. und Konj.)** | damit umso |
| | **conservare** | retten, das Leben schenken |
| | **commendare** | ans Herz legen, befehlen |
| | **violare** | verletzen |
| | **(ali)quid sui desiderare** | etwas von seiner Habe vermissen, abgeben müssen |
| 3 | **diligentia** | Sorgfalt, Vorsichtsmaßnahme |
| | **invicem (Adverb)** | abwechselnd |
| | **requiescere** | sich ausruhen (requiesco – requievi) |
| **102** | **persequi** | verfolgen (persequor – persecutus sum) |
| | **rursus (Adverb)** | wiederum, erneut |
| | **copias comparare** | Truppen anwerben |
| | **renovare** | wieder aufnehmen |
| | **quantumcumque** | wieviel auch immer |
| | **minoribus itineribus** | in kleineren Tagesmärschen |
| | **subsequi** | unmittelbar folgen (subsequor – subsecutus sum) |
| 2 | **edictum** | Verordnung |
| | **Amphipoli** | in Amphipolis (Stadt in Makedonien) |
| | **proponere** | vorlegen, erlassen (propono – proposui – propositum) |
| | **iuniores, iuniorum m.** | junge Leute |
| | **Graeci, orum** | Griechen |
| | **iurandi causa** | um den Fahneneid abzulegen |
| 3 | **utrum – an** | ob – oder |
| | **avertere** | abwenden, ablenken (averto – averti – aversum) |
| | **proponere** | etwas verfügen (propono – proposui – propositum) |
| | **quam diutissime** | möglichst lange |
| | **longior fuga** | die weitere Flucht |
| | **occultare** | verstecken, geheim halten |
| | **dilectus, us m.** | Aushebung, Rekrutierung |
| | **premere** | hier: hindern (premo – pressi – pressum) |
| | **Macedonia** | Makedonien |
| | **existimari** | hier: entschieden werden |
| 4 | **ad ancoram** | vor Anker |

nocte constitit et vocatis ad se Amphipoli hospitibus et
pecunia ad necessarios sumptus conrogata cognitoque
Caesaris adventu ex eo loco discessit et Mytilenas
5 paucis diebus venit. Biduum tempestate retentus
navibusque aliis additis actuariis in Ciliciam atque
6 inde Cyprum pervenit. Ibi cognoscit consensu omnium
Antiochensium civiumque Romanorum, qui illic ne-
gotiarentur, arma capta esse excludendi sui causa nun-
tiosque dimissos ad eos, qui se ex fuga in finitimas
civitates recepisse dicerentur, ne Antiochiam adirent;
7 id si fecissent, magno eorum capitis periculo futurum.
Idem hoc L. Lentulo consulari ac nonnullis aliis acci-
derat Rhodi; qui cum ex fuga Pompeium sequerentur
atque in insulam venissent, oppido ac portu recepti non
erant missisque ad eos nuntiis, ut ex his locis disce-
8 derent, contra voluntatem suam naves solverant. Iam-
que de Caesaris adventu fama ad civitates perferebatur.

| | | |
|---|---|---|
| | **Amphipoli** | aus Amphipolis |
| | **hospes, hospitis m.** | Gastfreund, Freund |
| | **pecunia** | Geld |
| | **sumptus, us m.** | Aufwendung |
| | **conrogare** | sich erbitten |
| | **Mytilenae, arum** | Mytilene (Hauptstadt von Lesbos) |
| 5 | **biduum (Akk.)** | zwei Tage lang |
| | **retinere** | zurückhalten, aufhalten (retineo – retinui – retentum) |
| | **naves actuariae** | Schnellsegler |
| | **addere** | hinzufügen, hinzunehmen |
| | **Cilicia** | Kilikien (in Kleinasien) |
| | **inde** | von dort |
| | **Cyprus** | Zypern |
| 6 | **consensus, us m.** | gemeinsame Vereinbarung |
| | **Antiochenses, Antiochensium** | Bewohner von Antiochia (Hauptstadt Syriens) |
| | **illic** | dort |
| | **negotiari** | Handel treiben |
| | **excludere** | aussperren, nicht hereinlassen (excludo – exclusi – exclusum) |
| | **dimittere** | losschicken (dimitto – dimisi – dimissum) |
| | **se recipere** | sich zurückziehen (recipio – recepi – receptum) |
| 7 | **L. Lentulus** | Mitstreiter des Pompeius |
| | **consularis, consularis m.** | ehemaliger Konsul |
| | **Rhodi** | auf Rhodos |
| | **recipere** | aufnehmen (recipio – recepi – receptum) |
| 8 | **fama** | Gerede, Gerücht |
| | **perferre** | hintragen (perfero – pertuli – perlatum) |

## Das unrühmliche Ende des Pompeius

103 1 Quibus rebus cognitis Pompeius deposito adeundae
Syriae consilio pecunia societatibus sublata et a quibus-
dam privatis sumpta et aeris magno pondere ad milita-
rem usum in naves imposito duobusque milibus homi-
num armatis, partim quos ex familiis societatum dele-
gerat, partim a negotiatoribus coegerat, quosque ex
suis quisque ad hanc rem idoneos existimabat, Pelusi-
2 um pervenit. Ibi casu rex erat Ptolemaeus, puer aetate,
magnis copiis cum sorore Cleopatra bellum gerens,
quam paucis ante mensibus per suos propinquos atque
amicos regno expulerat; castraque Cleopatrae non lon-

| | | |
|---|---|---|
| 103 | **deponere** | ablegen, aufgeben (depono – deposui – depositum) |
| | **societas, societatis f.** | Steuerpachtgesellschaft |
| | **tollere** | wegnehmen (tollo – sustuli – sublatum) |
| | **privatus** | Privatmann |
| | **sumere** | nehmen (sumo – sumpsi – sumptum) |
| | **pondus, ponderis n.** | Gewicht |
| | **aeris magnum pondus** | eine bedeutende Geldsumme |
| | **ad militarem usum** | für militärische Zwecke |
| | **imponere** | hineinlegen, hineinschaffen (impono – imposui – impositum) |
| | **duo milia (milium)** | zweitausend |
| | **armare** | bewaffnen |
| | **partim – partim** | teils – teils |
| | **negotiator, negotiatoris m.** | Händler |
| | **Pelusium** | nach Pelusium (ägyptische Stadt) |
| 2 | **casu** | zufällig |
| | **Ptolemaeus** | Ptolemäus (ägyptischer König) |
| | **puer aetate** | noch im Knabenalter |
| | **soror, sororis f.** | Schwester |
| | **Cleopatra** | Cleopatra (Königin von Ägypten) |
| | **paucis ante mensibus** | wenige Monate zuvor |
| | **propinqui, orum** | Verwandte |

go spatio ab eius castris distabant. Ad eum Pompeius
misit, ut pro hospitio atque amicitia patris Alexandria
reciperetur atque illius opibus in calamitate tegeretur.
3 Sed qui ab eo missi erant, confecto legationis officio
liberius cum militibus regis colloqui coeperunt eosque
hortari, ut suum officium Pompeio praestarent neve
4 eius fortunam despicerent. In hoc erant numero com-
plures Pompei milites, quos ex eius exercitu acceptos
in Syria Gabinius Alexandriam traduxerat belloque
5 confecto apud Ptolemaeum, patrem pueri, reliquerat.

| | | |
|---|---|---|
| | **non longo spatio** | nicht weit |
| | **distare** | entfernt sein (disto – distiti) |
| 3 | **hospitium** | gastfreundschaftliches Verhältnis |
| | **Alexandria** | Alexandria (Hauptstadt Ägyptens) |
| | **recipere** | aufnehmen (recipio – recepi – receptum) |
| | **opes, opum f.** | Mittel, Machtmittel, Hilfe |
| | **tegere** | bedecken, schützen (tego – texi – tectum) |
| 4 | **conficere** | beenden, erledigen (conficio – confeci – confectum) |
| | **officium legationis** | die offizielle Mission |
| | **liber, libera, liberum** | frei, ungezwungen |
| | **hortari** | ermuntern, ermahnen |
| | **officium praestare** | die Pflicht erfüllen (praesto – praestiti) |
| | **neve** | und daß nicht |
| | **despicere** | herabschauen auf, verachten (despicio – despexi – despectum) |
| 5 | **complures, complurium** | mehrere |
| | **accipere** | annehmen, übernehmen (accipio – accepi – acceptum) |
| | **Gabinius** | (setzte Ptolemäus wieder in seine Herrschaft ein) |
| | **Alexandriam** | nach Alexandria |
| | **traducere** | hinbringen (traduco – traduxi – traductum) |

**104** 1 His tum cognitis rebus amici regis, qui propter aetatem
eius in procuratione erant regni, sive timore adducti, ut
postea praedicabant, sollicitato exercitu regio, ne Pom-
peius Alexandriam Aegyptumque occuparet, sive des-
pecta eius fortuna, ut plerumque in calamitate ex amicis
inimici exsistunt, iis, qui erant ab eo missi, palam
liberaliter responderunt eumque ad regem venire ius-
2 serunt; ipsi clam consilio inito Achillam, praefectum
regium, singulari hominem audacia, et L. Septimium
tribunum militum ad interficiendum Pompeium mise-
3 runt. Ab his liberaliter ipse appellatus et quadam notitia
Septimi perductus, quod bello praedonum apud eum
ordinem duxerat, naviculam parvulam conscendit cum
paucis suis; ibi ab Achilla et Septimio interficitur. Item
L. Lentulus comprehenditur ab rege et in custodia
necatur.

| | | |
|---|---|---|
| **104** | **aetas, aetatis** | Alter, Lebensalter |
| | **procuratio, procurationis f.** | Verwaltung, Verweserschaft |
| | **sive – sive** | sei es – sei es |
| | **praedicare** | behaupten |
| | **sollicitare** | aufwiegeln, beunruhigen |
| | **regius, a, um** | königlich |
| | **Aegyptus** | Ägypten |
| | **plerumque** | meistens |
| | **inimicus** | Feind |
| | **existere** | sich ergeben, entstehen |
| | **palam (Adverb)** | öffentlich |
| | **liberaliter respondere** | eine freundliche Antwort geben (respondeo – respondi – responsum) |
| 2 | **consilium inire** | eine Beratung machen (ineo – inii – initum) |
| | **Achillas** | Feldherr des Ptolemäus |
| | **praefectus regius** | ein hoher königlicher Beamter |
| | **audacia** | Wagemut, Verwegenheit |
| | **L. Septimius** | Militärtribun des Pompeius |
| | **tribunus militum** | Militärtribun |
| 3 | **liberaliter (Adverb)** | großherzig, gütig |
| | **appellare** | anreden |
| | **notitia** | Bekanntschaft |
| | **perducere** | verleiten (perduco – perduxi – perductum) |
| | **praedo, praedonis m.** | Seeräuber |
| | **ordinem ducere** | eine Zenturionenstelle bekleiden |
| | **navicula parvula** | ein kleines Boot |
| | **pauci sui** | wenige seiner Leute |
| | **L. Lentulus** | Konsul 49, Gegner Caesars |
| | **in custodia** | im Gefängnis |
| | **necare** | töten |

# Prüfungstexte

**für die**

**schriftliche und mündliche Prüfung**

## Vercingetorix, ein geschickter Politiker und Caesars gefährlichster Feind in Gallien.

Haedui[1] petunt a Vercingetorige, ut ad se veniat rationesque[2] belli gerendi communicet. Re impetrata contendunt, ut ipsis summa[3] imperii tradatur, et re in controversiam deducta totius Galliae concilium Bibracte[4] indicitur. Conveniunt undique frequentes. Multitudinis suffragiis res permittitur: ad unum omnes Vercingetorigem probant imperatorem. Magno dolore Haedui ferunt se deiectos esse principatu, queruntur fortunae commutationem et Caesaris indulgentiam in se requirunt. Neque tamen suscepto bello suum consilium ab reliquis separare audent.

Vercingetorix imperat reliquis civitatibus obsides diemque ei rei constituit; omnes equites, XV milia numero, celeriter convenire iubet. Peditatu, quem antea habuerit, se fore contentum dicit neque fortunam temptaturum aut acie dimicaturum esse; sed, quoniam abundet equitatu, perfacile esse factu frumentationibus pabulationibusque Romanos prohibere; aequo animo sua ipsi frumenta corrumpant aedificiaque incendant, qua rei familiaris iactura[5] perpetuum imperium libertatemque se consequi videant.

Caesar, quod hostes equitatu superiores esse intellegebat et interclusis omnibus itineribus nulla re ex provincia atque Italia sublevari poterat, trans Rhenum in Germaniam mittit ad eas civitates, quas superioribus annis pacaverat, equitesque ab his arcessit. Eorum adventu, quod minus idoneis equis utebantur, a tribunis militum reliquisque equitibus Romanis equos sumit Germanisque distribuit.

1 Haedui: die Häduer, zu Beginn des Krieges in Gallien Bundesgenossen der Römer, waren inzwischen von den Römern abgefallen

2 rationes = hier: planmäßiges Vorgehen, Taktik

3 summa, ae f.: Gesamtheit, oberste Stelle

4 Bibracte: nach Bibracte

5 iactura, ae: Verlust

*Wortangaben zum Prüfungstext Nr. 1: siehe Seite 52*

**Caesar steht mit seinen Truppen einem Heer der Gallier gegenüber. Das Gelände ist für einen Angriff ungünstig.**

Palus erat non magna inter nostrum atque hostium exercitum. Hanc si nostri transirent, hostes exspectabant. Nostri autem, si ab illis initium transeundi fieret, ut impeditos aggrederentur, parati in armis erant. Ubi neutri transeundi initium faciunt, Caesar suos in castra reduxit. Hostes protinus ex eo loco ad flumen, quod esse post nostra castra demonstratum est, contenderunt. Ibi vadis repertis partem copiarum suarum traducere conati sunt eo consilio, ut, si possent, pontem[1] interscinderent, si minus[2] potuissent, agros sociorum popularentur, qui magno nobis usui ad bellum gerendum erant, commeatuque nostros prohiberent. Caesar certior factus omnem equitatum et funditores sagittariosque pontem traducit atque ad eos contendit. Acriter in eo loco pugnatum est. Hostes impeditos nostri in flumine aggressi magnum eorum numerum occiderunt. Per eorum corpora reliquos audacissime transire conantes multitudine telorum reppulerunt primosque, qui transierant, equitatu circumventos interfecerunt. Hostes, ubi de flumine transeundo spem se fefelisse intellexerunt neque nostros in locum iniquiorem progredi pugnandi causa viderunt atque ipsos res frumentaria deficere coepit, concilio convocato constituerunt optimum esse domum suam quemque reverti.

1 pontem … Über diese schwer bewachte Brücke wurde Caesars Lager von den Bundesgenossen mit Lebensmitteln versorgt

2 si minus = wenn nicht

*Wortangaben zum Prüfungstext Nr. 2: siehe Seite 52*

**Labienus verlockt die Gallier in einem für sie ungünstigen Gelände zum Kampf.**

Labienus nocte tribunis militum convocatis, quid sui sit consilii, proponit et, quo facilius hostibus timoris det suspicionem, maiore strepitu[1] et tumultu, quam populi Romani est consuetudo, castra moveri iubet. His rebus fugae similem profectionem efficit. Hoc per exploratores ante lucem ad hostes defertur. Vix agmen novissimum extra munitiones processerat, cum Galli flumen transire et iniquo loco committere proelium non dubitant. Quae fore suspicatus Labienus, ut omnes citra flumen eliceret, tarde[2] progrediebatur. Tum praemissis paulum impedimentis atque in tumulo quodam collocatis: „Habetis“, inquit, „milites, quam petivistis facultatem: hostem impedito atque iniquo loco tenetis; praestate eandem nobis ducibus virtutem, quam saepe imperatori praestitistis, atque illum adesse et haec coram[3] cernere existimate!“ Simul signa ad hostem converti aciemque derigi iubet et paucis turmis[4] praesidio ad impedimenta missis reliquos equites ad latera disponit. Celeriter nostri clamore sublato pila in hostes immittunt. Illi, ubi praeter spem[5], quos fugere credebant, infestis signis ad se ire viderunt, impetum nostrorum ferre non potuerunt ac primo concursu in fugam coniecti proximas silvas petiverunt.

1 strepitus, us m.: Geräusch, Lärm

2 tarde (Adverb): langsam

3 coram: persönlich

4 turma: Schwadron

5 praeter spem: wider Erwarten

*Wortangaben zum Prüfungstext Nr. 3: siehe Seite 53*

**Eine Legion unter dem Legaten Cicero ist von aufständischen Galliern in ihrem Lager eingeschlossen.**

Nuntii ad Caesarem mittebantur[1]. Quorum pars deprehensa in conspectu nostrorum militum cum cruciatu necabatur. Erat unus intus[2] Nervius[3], loco natus honesto, qui ad Ciceronem perfugerat, suamque ei fidem praestiterat. Hic servo magnis praemiis persuadet, ut litteras ad Caesarem deferat. Has ille in iaculo illigatas effert et ad Caesarem pervenit. Ab eo de periculis Ciceronis legionisque cognoscitur. Caesar venit magnis itineribus in Nerviorum[3] fines. Ibi ex captivis cognoscit, quae apud Ciceronem gerantur quantoque in periculo res sit. Tum cuidam ex equitibus Gallis magnis praemiis persuadet, ut ad Ciceronem epistulam deferat. Hanc Graecis litteris scriptam mittit, ne intercepta epistula nostra consilia ab hostibus cognoscantur. Si adire non possit, monet, ut tragulam[4] cum epistula deligata intra munitiones castrorum abiciat. In litteris scribit se cum legionibus profectum celeriter adfore. Hortatur, ut pristinam virtutem retineat. Gallus periculum veritus, ut erat praeceptum, tragulam mittit. Haec casu ad turrim adhaesit neque a nostris biduo[5] animadversa tertio die a quodam milite conspicitur, dempta ad Ciceronem defertur. Ille perlectam in conventu militum recitat maximaque omnes laetitia afficit.

1 Es handelt sich um römische Soldaten, die aus dem eingeschlossenen Lager zu Caesar geschickt wurden

2 intus = im römischen Lager

3 Nervius und Nervii: der (die) Nervier (gallischer Stamm)

4 tragula: Wurfspieß

5 biduo = zwei Tage lang

*Wortangaben zum Prüfungstext Nr. 4: siehe Seite 53/54*

**Entgegen Caesars Befehl rücken römische Soldaten an eine Stadt der Gallier heran.**

At milites non prius finem sequendi fecerunt, quam muro oppidi portisque appropinquarent. Tum matres familiae de muro argentum iactabant et pectore nudo prominentes obtestabantur Romanos, ut sibi parcerent. L. Fabius, centurio legionis octavae, quem inter suos eo die dixisse constat se non commissurum esse, ut prius quisquam murum ascenderet, tres suos manipulares nactus atque ab iis sublevatus murum ascendit. Hos ipse rursus singulos exceptans in murum extulit. Cum acerrime pugnaretur, hostes numero, nostri virtute confiderent, L. Fabius centurio quique una murum ascenderant, circumventi atque interfecti de muro praecipitabantur. M. Petronius, eiusdem legionis centurio, cum portas excidere conatus esset, a multitudine hostium oppressus ac sibi desperans multis iam vulneribus acceptis manipularibus suis, qui illum secuti erant: „Quoniam“, inquit, „me una vobiscum servare non possum, vestrae quidem certe vitae prospiciam, quos cupiditate gloriae adductus in periculum deduxi. Vos data facultate vobis consulite!“ Simul in medios hostes irrupit duobusque interfectis reliquos a porta paulum submovit. Conantibus auxiliari suis: „Frustra“, inquit, „meae vitae subvenire conamini, quem iam sanguis viresque deficiunt. Proinde abite, dum est facultas, vosque ad legionem recipite!“.

Ita pugnans post paulum concidit ac suis saluti fuit.

*Wortangaben zum Prüfungstext Nr. 5: siehe Seite 54*

**Caesar möchte nach Britannien aufbrechen, wird jedoch durch den Widerstand des Stammes der Treverer aufgehalten.**

Caesar cum legionibus quattuor et equitibus octingentis in fines Treverorum proficiscitur, quod hi neque ad concilia veniebant neque imperio parebant Germanosque Transrhenanos sollicitare dicebantur. Haec civitas longe plurimum totius Galliae equitatu valet magnasque habet copias peditum Rhenumque, ut supra demonstravimus, tangit.
In ea civitate duo de principatu inter se contendebant, Indutiomarus et Cingetorix. Ex quibus alter, cum primum de Caesaris legionumque adventu cognitum est, ad eum venit, se suosque omnes in officio futuros neque ab amicitia populi Romani defecturos esse confirmavit quaeque in Treveris[1] gererentur, ostendit. At Indutiomarus equitatum peditatumque cogere coepit iisque, qui per aetatem in armis esse non poterant, in silvam Arduennam abditis, quae ingenti magnitudine per medios fines Treverorum a flumine Rheno ad initium Remorum pertinet, bellum parare instituit. Sed postquam nonnulli principes ex ea civitate adventu nostri exercitus perterriti ad Caesarem venerunt et de suis privatim rebus ab eo petere[2] coeperunt, Indutiomarus veritus, ne ab omnibus desereretur, legatos ad Caesarem mittit. Caesar, ne aestatem in Treveris[1] consumere cogeretur omnibus rebus ad Britannicum bellum comparatis, Indutiomarum ad se cum ducentis obsidibus venire iussit.

1 in Treveris: im Gebiet der Treverer, bei den Treverern

2 petere ab aliquo de aliqua re: an jemanden eine Bitte richten betreffend ...

*Wortangaben zum Prüfungstext Nr. 6: siehe Seite 55*

**Das Schicksal des Häduers Dumnorix, den Caesar als Geisel auf seine Expedition nach Britannien mitnehmen wollte.**

Erat una cum ceteris obsidibus Dumnorix Haeduus. Hunc secum habere Caesar imprimis constituerat, quod eum cupidum rerum novarum, cupidum imperii, magni animi, magnae inter Gallos auctoritatis cognoverat. Accedebat huc[1], quod in concilio Haeduorum Dumnorix dixerat sibi a Caesare regnum civitatis deferri. Id factum Caesar cognoverat.

Ille autem primo omnibus modis petere contendit, ut in Gallia relinqueretur. Postquam id sibi negari vidit, principes Galliae sollicitare hortarique coepit, ut in continenti remanerent. Qua re cognita Caesar statuebat prospiciendum esse, ne quid sibi ac rei publicae Dumnorix nocere posset. Itaque dabat operam, ut in officio Dumnorigem contineret[2].

Tandem idoneam nactus tempestatem milites equitesque conscendere naves iubet. At omnium impeditis animis Dumnorix cum equitibus Haeduorum a castris insciente Caesare domum discedere coepit. Qua re nuntiata Caesar intermissa[3] profectione magnam partem equitatus ad eum insequendum mittit retrahique imperat. Si vim faciat neque pareat, interfici iubet. Ille autem revocatus resistere ac se manu defendere suorumque fidem implorare coepit, saepe clamitans[4] liberum se liberaeque civitatis esse. Illi, ut erat imperatum, circumsistunt hominem atque interficiunt. At equites Haedui ad Caesarem omnes revertuntur.

1 accedebat huc: hinzu kam noch

2 in officio continere: beim Gehorsam halten, „bei der Stange halten“

3 intermittere: unterbrechen, aufschieben

4 clamitare: laut schreien

*Wortangaben zum Prüfungstext Nr. 7: siehe Seite 55*

**Caesar ist im Spätsommer in Britannien gelandet. Nach Unterwerfung der Küstenvölker wird er von Herbststürmen überrascht.**

Eadem nocte accidit, ut esset luna plena, qui dies maritimos aestus maximos in Oceano efficere solet, nostrisque id erat incognitum. Ita uno tempore et longas naves, quibus Caesar exercitum transportaverat quasque in aridum subduxerat, aestus complebat, et onerarias naves, quae ad ancoras erant deligatae, tempestas adflictabat, neque ulla nostris facultas aut administrandi aut auxiliandi dabatur. Compluribus navibus fractis reliquae cum essent funibus, ancoris reliquisque armamentis amissis ad navigandum inutiles, magna totius exercitus perturbatio facta est. Neque enim naves erant aliae, quibus reportari possent, et omnia deerant, quae ad reficiendas naves erant usui, et quod omnibus constabat hiemari in Gallia oportere, frumentum in his locis in hiemem provisum non erat.
Quibus rebus cognitis principes Britanniae inter se collocuti, cum et equites et naves et frumentum Romanis deesse intellegerent et paucitatem[1] militum ex castrorum exiguitate[2] cognoscerent, optimum factu esse duxerunt rebellione facta frumento commeatuque nostros prohibere et rem in hiemem producere. Confidebant enim his superatis aut reditu interclusis neminem postea belli inferendi causa in Britanniam transiturum esse. Itaque rursus coniuratione facta paulatim ex castris discedere et suos clam ex agris deducere coeperunt.

1 paucitas, atis f.: geringe Anzahl

2 exiguitas, atis f.: geringer Umfang

*Wortangaben zum Prüfungstext Nr. 8: siehe Seite 56*

**Der Angriff auf die Stadt Avaricum verlangt von den römischen Legionären große Entbehrungen.**

Quibus rebus confectis Caesar ad oppidum Avaricum, quod erat maximum munitissimumque in finibus Biturigum[1], profectus est, quod eo oppido recepto civitatem Biturigum se in potestatem redacturum esse confidebat.

Caesar castris ad eam partem oppidi positis, quae intermissa[2] a flumine et palude aditum angustum habebat, turres duas constituere coepit; nam circumvallare loci natura prohibebat. De re frumentaria Boios atque Haeduos[3] adhortari non destitit; quorum alteri, quod nullo studio agebant, non multum adiuvabant, alteri non magnis facultatibus, quod civitas erat exigua et infirma, celeriter, quod habuerunt, consumpserunt. Summa difficultate rei frumentariae affecto exercitu usque eo, ut complures dies frumento milites caruerint et extremam famem sustentaverint, nulla tamen vox est ab iis audita populi Romani maiestate et superioribus victoriis indigna.

Quin etiam Caesar cum in opere singulas legiones appellaret et, si acerbius inopiam ferrent, se dimissurum esse oppugnationem diceret, universi ab eo, ne id faceret, petebant; sic se complures annos Caesare imperante meruisse, ut nullam ignominiam acciperent, nusquam infecta re discederent; hoc se ignominiae loco laturos[4], si inceptam oppugnationem reliquissent. Haec eadem centurionibus tribunisque militum mandabant, ut per eos ad Caesarem deferrent.

1 Bituriges: die Bituriger

2 intermissus a, ab: frei gelassen von, nicht gedeckt durch

3 Boi et Haedui: die Boier und Häduer

4 ignominiae loco ferre: als Schmach empfinden

*Wortangaben zum Prüfungstext Nr. 9: siehe Seite 56/57*

**Caesar hält die Gelegenheit für günstig, Pompeius, seinen Gegner im Bürgerkrieg, in einer Entscheidungsschlacht zu besiegen. Er führt daher seine Truppen einsatzbereit aus dem Lager.**

Pompeius quoque, ut postea cognitum est, suorum omnium hortatu[1] statuerat proelio decertare. Nam etiam in consilio superioribus diebus dixerat, priusquam concurrerent acies, fore ut exercitus Caesaris pelleretur. Id cum essent plerique admirati, „scio me“, inquit, „paene incredibilem rem polliceri; sed rationem consilii mei accipite. Persuasi equitibus nostris, idque se mihi facturos esse confirmaverunt, ut, cum propius sit accessum, dextrum Caesaris cornu ab latere aperto aggrederentur et circumventa a tergo acie perturbatum exercitum pellerent, priusquam a nobis telum in hostem iaceretur. Ita sine periculo legionum et paene sine vulnere bellum conficiemus. Id autem difficile non est, cum tantum equitatu valeamus.“
Hunc Labienus[2] excepit[3], ut, cum Caesaris copias despiceret, Pompei consilium summis laudibus efferret, „noli“, inquit, „existimare, Pompei, hunc esse exercitum, qui Galliam Germaniamque devicerit. Omnibus interfui proeliis neque incognitam rem pronuntio. Exigua pars illius exercitus superest; magna pars interiit, quod accidere tot proeliis fuit necesse, multos autumni pestilentia[4] in Italia consumpsit, multi domum discesserunt, multi sunt relicti in continenti“.
Haec cum dixisset, iuravit se nisi victorem in castra non reversurum esse, reliquosque hortatus est, ut idem facerent. Hoc laudans Pompeius idem iuravit.

1 hortatus, us m.: die Ermunterung, das Drängen

2 Labienus war Legat und Stellvertreter Caesars im gallischen Krieg gewesen. Im Bürgerkrieg schloß er sich Pompeius an und wurde Caesars erbittertster Gegner.

3 excipere aliquem: nach jemandem das Wort ergreifen

4 pestilentia, ae f.: Epidemie

*Wortangaben zum Prüfungstext Nr. 10: siehe Seite 57*

**Bürgerkrieg in Spanien. Caesar ist von der Zufuhr abgeschnitten, da alle Brücken durch ein Unwetter zerstört sind. Er erwartet ein Nachschubheer. Nicht weit entfernt lauern die Pompeianer unter der Führung des Legaten Afranius.**

Caesar conatus est pontes reficere, sed nec magnitudo fluminis permittebat neque cohortes adversariorum ad ripam dispositae pontes perfici patiebantur. Hoc prohibere illis erat facile cum ipsius fluminis natura atque aquae magnitudine, tum quod ex totis ripis in unum atque angustum locum tela iaciebantur; atque erat difficile eodem tempore rapidissimo flumine[1] opera perficere et tela vitare. Nuntiatur Afranio magnos commeatus, qui iter habebant ad Caesarem, ad flumen constitisse. Venerant eo sagittarii ex Rutenis[2], equites ex Gallia. Erant praeterea cuiusque generis homines cum servis liberisque; sed nullus ordo, nullum imperium certum erat. Hos omnes flumina continebant. Ad hos opprimendos cum omni equitatu tribusque legionibus Afranius de nocte proficiscitur imprudentesque[3] equitibus ante missis aggreditur. Celeriter sese tamen Galli equites expediunt[4] proeliumque committunt. Ii, dum pari certamine res geri[5] potuit, magnum hostium numerum sustinuerunt; sed, ubi signa legionum appropinquare coeperunt, paucis amissis sese in proximos montes conferunt. Hoc pugnae tempus magnum ad salutem momentum nostris attulit: nacti enim spatium se in loca superiora receperunt. Desiderati sunt[6] eo die sagittarii circiter CC, equites pauci, calonum atque impedimentorum non magnus numerus.

1 rapidissimo flumine: bei der äußerst reißenden Strömung

2 Ruteni: gallischer Volksstamm, als Hilfstruppen bei Caesar

3 imprudens: hier = ahnungslos

4 sese expedire: sich zum Kampf rüsten

5 pari certamine rem gerere: unter gleichen Bedingungen kämpfen

6 desiderari: verloren gehen

***Wortangaben zum Prüfungstext Nr. 11: siehe Seite 58***

**Während die Truppen von Caesar und Pompeius sich im Jahre 48 v.Chr. gegenüberliegen, laufen zwei Gallier von Caesar zu Pompeius über.**

Erant apud Caesarem in equitum numero Allobroges[1] fratres, Roucillus et Aecus, Adbucilli filii, qui principatum in civitate multis annis obtinuerat, singulari virtute homines, quorum opera Caesar omnibus Gallis bellis erat usus. His domi ob has causas amplissimos magistratus mandaverat atque eos extra ordinem in senatum legendos curaverat, agrosque in Gallia ex hostibus captos praemiaque magna tribuerat locupletesque[2] ex egentibus[3] fecerat. Hi propter virtutem non solum apud Caesarem in honore erant, sed etiam apud exercitum cari habebantur. Sed freti[4] amicitia Caesaris et stulta ac barbara arrogantia elati despiciebant suos stipendiumque equitum fraudabant[5]. Quibus rebus permoti illi universi Caesarem adierunt palamque de eorum iniuriis questi sunt. Caesar non tempus animadversionis[6] esse existimans rem totam distulit.

At illi fortasse se non liberari, sed in aliud tempus reservari arbitrati discedere ab nobis et novas amicitias experiri constituerunt. Itaque ad Pompeium transierunt. Quos Pompeius, quod erant honesto loco nati et viri fortes habebantur et in honore apud Caesarem fuerant, omnibus suis militibus ostentavit. Nam ante id tempus nemo aut miles aut eques a Caesare ad Pompeium transierat, cum paene cottidie nonnulli a Pompeio ad Caesarem perfugerent.

1 Allobroges: hier adjektivisch = aus dem Stamm der Allobroger

2 locuples, locupletis: besitzend, reich

3 egens, egentis: arm

4 fretus (m. Abl.): im Vertrauen auf

5 fraudare: hier = unterschlagen

6 animadversio, onis f.: gerichtliche Untersuchung

*Wortangaben zum Prüfungstext Nr. 12: siehe Seite 58*

**Caesar schildert einen seiner vergeblichen Versuche, den Gegnern im Bürgerkrieg auf dem Kriegsschauplatz einen Waffenstillstand anzubieten.**

Inter castra Pompei atque Caesaris unum flumen tantum[1] intererat, crebraque inter se colloquia milites habebant; neque ullum interim telum traiciebatur. Caesar mittit P. Vatinium legatum ad ripam ipsam fluminis, qui ea, quae maxime ad pacem pertinere viderentur, ageret et crebro magna voce pronuntiaret, liceretne civibus ad cives de pace legatos mittere, praesertim cum id agerent, ne cives cum civibus armis decertarent. Multa suppliciter locutus est, silentioque ab utrisque militibus auditus est. Responsum est ab altera parte A. Varronem profiteri se altero die ad colloquium venturum atque una visurum , quemadmodum tuto legati venire et, quae vellent, exponere possent. Certum ei rei tempus constituitur. Quo cum esset postero die ventum, magna multitudo utrimque convenit, magnaque erat exspectatio eius rei, atque omnium animi intenti esse ad pacem videbantur.

Qua ex frequentia[2] T. Labienus[3] prodit et superbissima oratione loqui de pace atque altercari[4] cum Vatinio incipit. Quorum mediam orationem interrumpunt subito undique tela immissa; quae ille obtectus armis militum vitavit. Vulnerantur tamen complures, in his Cornelius Balbus, L. Plotius, M. Tiburtius, centuriones militesque nonnulli. Tum Labienus: „Desinite ergo de pace loqui; nam nobis nisi Caesaris capite relato pax esse nulla potest.“

1 tantum: nur

2 frequentia: zahlreich versammelte Menge

3 Es handelt sich um den aus dem gallischen Krieg bekannten Legaten Caesars, der aber beim Beginn des Bürgerkriegs zu Pompeius übergegangen war.

4 altercari: streiten, einen Wortwechsel führen

*Wortangaben zum Prüfungstext Nr. 13: siehe Seite 59*

**Im Bürgerkrieg zwischen Caesar und Pompeius hatte Caesar sein Lager zwischen zwei Flüssen, am Fuß der Berge. Da gerät er unerwartet in Schwierigkeiten:**

Accidit repentinum incommodum[1]. Tanta enim tempestas oritur, ut numquam illis locis maiores aquas fuisse constaret. Tum autem ex omnibus montibus nives[2] proluit ac summas ripas fluminis superavit[3] pontesque ambos, quos C. Fabius fecerat, uno die interrupit. Quae res magnas difficultates exercitui Caesaris attulit. Castra enim cum essent inter duo flumina, necessario omnes angustiis continebantur. Neque civitates, quae ad Caesaris amicitiam accesserant, frumentum supportare neque ii, qui pabulatum longius progressi erant, interclusi fluminibus reverti neque maximi commeatus[4], qui ex Italia Galliaque veniebant, in castra pervenire poterant. Tempus autem erat difficillimum, quo neque frumenta in hibernis erant neque multum a maturitate aberant. Pecora propter bellum finitimae civitates longius removerant.

At exercitus Afranii[5] omnium rerum abundabat copia. Multum erat frumentum provisum et convectum superioribus temporibus, multum ex omni provincia comportabatur. Harum omnium rerum facultates sine ullo periculo pons Ilerdae[6] praebebat.

1 incommodum: hier = Katastrophe

2 nives (Plural): Schneemassen

3 superare: hier =überfluten

4 commeatus (Plural): Proviantzüge

5 Afranius: ein General des Pompeius

6 pons Ilerdae: die Brücke nach Ilerda hinüber (Ilerda war eine Stadt in Spanien)

***Wortangaben zum Prüfungstext Nr. 14: siehe Seite 59***

## Wie die Sueben leben

Sueborum gens est longe maxima et bellicosissima Germanorum omnium. Hi centum pagos habere dicuntur, ex quibus quotannis magnam multitudinem armatorum bellandi causa educunt. Reliqui, qui domi manserunt, se atque illos alunt; hi rursus anno post in armis sunt, illi domi remanent. Sic neque agri cultura neque usus belli intermittitur. Sed privati agri apud eos nihil est, neque longius anno remanere uno in loco colendi causa licet.

## Caesar überwintert in Belgien

Caesar, cum in Belgio hiemaret, unum illud propositum (Vorsatz) habebat continere in amicitia civitates, nulli spem aut causam dare belli. Nihil enim minus volebat quam necessitatem sibi aliquam imponi belli gerendi. Itaque civitates appellando, principes maximis praemiis afficiendo, nulla nova onera iniungendo Galliam tot proeliis defessam facile in pace continuit. Ipse hibernis peractis in Italiam profectus est.

## Eine Kohorte Caesars in schwerer Bedrängnis

Interim P. Sulla, quem Caesar discedens castris praefecerat, de his rebus certior factus est cohortique laboranti cum duabus legionibus auxilio venit; cuius adventu facile sunt repulsi Pompeiani. Neque conspectum neque impetum nostrorum tulerunt, primisque fugatis reliqui terga verterunt et loco cesserunt. Sed insequentes nostros, ne longius prosequerentur, Sulla revocavit.

*Wortangaben zu den mündlichen Prüfungstexten 1: siehe Seite 60*

## Caesar entschließt sich noch im Spätsommer zum Kampf gegen Moriner und Menapier

Eodem fere tempore Caesar, etsi prope exacta iam aestas erat, tamen, quod omni Gallia pacata Morini Menapiique supererant, qui in armis essent neque ad eum umquam legatos de pace misissent, arbitratus id bellum celeriter confici posse eo exercitum duxit. Qui longe alia ratione bellum gerere instituerunt. Nam quod intellegebant maximas nationes pulsas superatasque esse continentesque silvas ac paludes habebant, eo se suaque omnia contulerunt.

## Caesar über die Bewohner von England

Britanniae pars interior ab iis incolitur, quos natos in insula esse memoria proditum est, maritima pars ab iis, qui praedae ac belli inferendi causa ex Belgio transierant, qui omnes fere eis nominibus civitatum appellantur, quibus orti ex civitatibus eo pervenerunt, et bello inlato ibi permanserunt atque agros colere coeperunt. Hominum est infinita multitudo et creberrima aedificia fere Gallicis similia, pecorum magnus numerus.

## Caesar bietet Afranius eine Schlacht an

Eo biduo Caesar cum equitibus nongentis in castra pervenit. Pons, qui tempestate erat interruptus, paene refectus erat; hunc noctu perfici iussit. Ipse cognita locorum natura ponti castrisque sex cohortes praesidio relinquit et postero die omnibus copiis ad Ilerdam proficiscitur. Ibi sub castris Afranii constitit et paulisper sub armis moratus aequo loco pugnandi potestatem facit.

*Wortangaben zu den mündlichen Prüfungstexten 2: siehe Seite 60/61*

## *Wortangaben zum Prüfungstext Nr. 1*

| | |
|---|---|
| **aequo animo** | mit Gleichmut |
| **antea** (Adverb) | früher, vorher |
| **communicare** | gemeinsam machen |
| **commutatio, commutationis f.** | Veränderung, Wechsel |
| **concilium** | Versammlung |
| **consequi** | erreichen, erlangen (consequi – consequor – consecutus sum) |
| **controversia** | Streit |
| **corrumpere** | verderben (corrumpere – corrumpo – corrupi – corruptum) |
| **deducere** | hinführen, geleiten (deducere – deduco – deduxi – deductum) |
| **deicere** | hinabwerfen (deicere – deicio – deieci – deiectum) |
| **distribuere** | verteilen (distribuere – distribuo – distribui – distributum) |
| **eques, equitis m.** | Reiter |
| **fore** | Infinitiv der Nachzeitigkeit von esse |
| **frequens, frequentis** | zahlreich, häufig |
| **frumentatio , frumentationis f.** | das Getreideholen |
| **indicere** | ankündigen (indicere – indico – indixi – indictum) |
| **indulgentia** | Nachsicht, Milde |
| **intercludere** | abschneiden (intercludere – intercludo – interclusi – interclusum) |
| **minus** (Adverb) | weniger |
| **pabulatio, pabulationis f.** | das Futterholen |
| **peditatus, us m.** | Fußvolk |
| **perfacilis, e** | sehr leicht |
| **permittere** | überlassen, erlauben (permittere – permitto – permisi – permissum) |
| **perpetuus, a, um** | ewig während |
| **principatus, us m.** | Vormachtstellung |
| **res familiaris** | Vermögen, Hab und Gut |
| **requirere** | ersuchen, verlangen (requirere – requiro – requisivi – requisitum) |
| **separare** | trennen |
| **sublevare** | unterstützen |
| **suffragium** | Abstimmung |
| **sumere** | nehmen (sumere – sumo – sumpsi – sumptum) |
| **superior, superioris** | der höher gelegene, der frühere |
| **tribunus militum** | Militärtribun |

## *Wortangaben zum Prüfungstext Nr. 2*

| | |
|---|---|
| **concilium** | Versammlung |
| **domus, us f.** | Haus (domum: nach Hause) |
| **funditor, funditoris m.** | Schleuderer |
| **impeditus, a, um** | behindert |
| **interscindere** | einreißen (interscindere – interscindo – interscidi – interscissum) |
| **multitudo, multitudinis f.** | Vielzahl, Menge |
| **neuter, neutra, neutrum** | keiner von beiden |
| **nostri, nostrorum** | unsere Leute |
| **occidere** | niederhauen, töten (occidere – occido – occidi – occisum) |
| **optimus, a, um** | der beste |
| **progredi** | voranschreiten (progredi – progredior – progressus sum) |
| **protinus** (Adverb) | unverzüglich, sofort |
| **reperire** | finden (reperire – reperio – repperi – repertum) |
| **res frumentaria** | Getreideversorgung |
| **sagittarius** | Bogenschütze |
| **si minus** | falls nicht |
| **sui, suorum** | ihre Leute |
| **vadum** | Untiefe, Furt |

* Siehe Hinweis auf Seite 3.

### *Wortangaben zum Prüfungstext Nr. 3*

| | |
|---|---|
| **agmen novissimum** | Nachhut |
| **cernere** | wahrnehmen, sehen (cernere – cerno – crevi – cretum) |
| **clamor, clamoris m.** | Geschrei |
| **concursus, us m.** | Zusammenprall |
| **convertere** | hinwenden, umdrehen (convertere – converto – converti – conversum) |
| **deferre** | überbringen (deferre – defero – detuli – delatum) |
| **derigere** | ausrichten (derigere – derigo – derexi – derectum) |
| **disponere** | verteilen (disponere – dispono – disposui – dispositum) |
| **elicere** | herauslocken, locken (elicere – elicio – elicui – elicitum) |
| **eques, equitis m.** | Reiter |
| **fore** | Infinitiv der Nachzeitigkeit von esse |
| **immittere** | hineinschleudern (immittere – immitto – immisi – immissum) |
| **impeditus, a, um** | behindert |
| **infestis signis** | mit gegen sie gerichteten Feldzeichen |
| **inquit** (in die Rede eingeschoben) | sagte er |
| **latus, lateris n.** | Seite, Flanke |
| **maior** | Komparativ von magnus: groß |
| **munitio, munitionis f.** | Befestigung, Befestigungsanlage |
| **nostri, nostrorum** | unsere Leute |
| **paulum** | ein wenig |
| **praestare** | zeigen (praestare – praesto.– praestiti) |
| **progredi** | vorrücken (progredi – progredior – progressus sum) |
| **proponere** | vorstellen |
| **quo** (m. Konj. und Komparativ) | damit umso ... |
| **silva** | Wald |
| **similis, e** | ähnlich |
| **suspicari** | vermuten |
| **suspicio, suspicionis f .** | Verdacht |
| **tollere** | erheben, aufheben (tollere – tollo – sustuli – sublatum) |
| **tribunus militum** | Militärtribun |
| **tumulus** | Hügel, Erhebung |

### *Wortangaben zum Prüfungstext Nr. 4*

| | |
|---|---|
| **adhaerere** | hängenbleiben (adhaerere – adhaereo – adhaesi – adhaesum) |
| **afficere** | jemanden mit etwas versehen (afficere – afficio – affeci – affectum) |
| **captivus** | Gefangener |
| **conventus, us m.** | Zusammenkunft, Versammlung |
| **cruciatus, us m.** | Folter, Qual |
| **deferre** | überbringen (deferre – defero – detuli – delatum) |
| **deligare** | anbinden |
| **demere** | wegnehmen (demere – demo – dempsi – demptum) |
| **deprehendere** | ergreifen (deprehendere – deprehendo – deprehendi – deprehensum) |
| **efferre** | hinaustragen (efferre – effero – extuli – elatum) |
| **eques, equitis m.** | Reiter |
| **hortari** | ermahnen |
| **iaculum** | Wurfspieß |
| **illigare** | anbinden |
| **intercipere** | abfangen (intercipere – intercipio – intercepi – interceptum) |
| **laetitia** | Freude |
| **littera** | Buchstabe |
| **litterae, arum** | Brief, Schreiben |
| **loco natus honesto** | von adliger Abstammung |
| **magnis itineribus** | in Eilmärschen |
| **munitio, munitionis f.** | Befestigung, Befestigungsanlage |

→

| | |
|---|---|
| **necare** | töten |
| **nostri, nostrorum** | unsere Leute |
| **perfugere** | fliehen, überlaufen (perfugere – perfugio – perfugi – perfugitum) |
| **perlegere** | durchlesen (perlegere – perlego – perlegi – perlectum) |
| **praecipere** | vorschreiben (praecipere – praecipio – praecepi – praeceptum) |
| **praemium** | Belohnung |
| **praestare** | zeigen, beweisen (praestare – praesto – praestiti) |
| **pristinus, a, um** | der frühere |
| **proficisci** | aufbrechen, marschieren (proficisci – proficiscor – profectus sum) |
| **quantus, a, um** | wie groß |
| **recitare** | vorlesen |
| **retinere** | zurückbehalten, behalten (retinere – retineo – retinui – retentum) |
| **scribere** | schreiben (scribere – scribo – scripsi – scriptum) |
| **tertius, a, um** | der dritte |

## *Wortangaben zum Prüfungstext Nr. 5*

| | |
|---|---|
| **abire** | weggehen (abire – abeo – abii – abitum) |
| **argentum** | Silber |
| **at** | aber |
| **auxiliari** | helfen |
| **certe** (Adverb) | sicherlich, gewiß |
| **committere** | zulassen (committere – committo – commisi – commissum) |
| **concidere** | zusammenbrechen (concidere – concido – concidi) |
| **deducere** | führen, bringen (deducere – deduco – deduxi – deductum) |
| **desperare** | keine Hoffnung mehr haben |
| **efferre** | heraufziehen (efferre – effero – extuli – elatum) |
| **exceptare** | aufnehmen |
| **excidere** | etwas aufbrechen (excidere – excido – excidi – excisum) |
| **iactare** | werfen |
| **inquit** | sagte er (in die wörtliche Rede eingeschoben) |
| **irrumpere** | einbrechen (irrumpere – irrumpo – irrupi – irruptum) |
| **manipulares, manipularium** | Manipelsoldaten |
| **matres familiae** | Familienmütter |
| **medius, a, um** | der mittlere, mitten ... |
| **nostri, nostrorum** | unsere Leute |
| **nudus, a, um** | nackt, bloß |
| **obtestari** | beschwören |
| **octavus, a, um** | der achte |
| **paulum** | ein wenig, kurze Zeit |
| **pectus, pectoris n.** | Brust |
| **praecipitare** | hinabstürzen |
| **proinde** | also |
| **prominere** | hervorragen, sich herüberbeugen (prominere – promineo – prominui) |
| **prospicere** | sorgen für (prospicere – prospicio – prospexi – prospectum) |
| **quidem** | wenigstens |
| **recipere (se)** | sich zurückziehen (recipere (se) – recipio – recepi – receptum) |
| **removere** | wegbewegen (removere – removeo – removi – remotum) |
| **rursus** | wiederum |
| **sanguis, sanguinis m.** | Blut |
| **singuli, orum** | einzeln, die einzelnen, je einer |
| **sublevare** | hochheben |
| **subvenire** | zu Hilfe kommen (subvenire – subvenio – subveni – subventum) |
| **sui, suorum** | seine, ihre Leute |
| **tres, tria** | drei |
| **vulnus, vulneris n.** | Wunde |

## *Wortangaben zum Prüfungstext Nr. 6*

| | |
|---|---|
| **abdere** | verstecken (abdere – abdo – abdidi – abditum) |
| **aetas, aetatis f.** | Alter |
| **concilium** | Versammlung |
| **ducenti, ae, a** | zweihundert |
| **eques, equitis m.** | Reiter |
| **Germani Transrhenani** | die Germanen jenseits des Rheins |
| **instituere** | sich darauf einrichten (instituere – instituo – institui – institutum) |
| **longe** (beim Superlativ) | bei weitem |
| **medius, a, um** | der mittlere, mitten ... |
| **octingenti, ae, a** | achthundert |
| **parare** | vorbereiten |
| **pedes, peditis m.** | Fußsoldat |
| **peditatus, us m.** | Fußvolk |
| **principatus, us m.** | Vormachtstellung, Führung |
| **privatim** (Adverb) | privat |
| **quattuor** | vier |
| **silva Arduenna** | die Ardennen |
| **sollicitare** | beunruhigen, aufwiegeln |
| **sui, suorum** | seine Leute |
| **supra** (Adverb) | oberhalb, oben |
| **tangere** | berühren (tangere – tango – tetigi – tactum) |
| **valere plurimum** | das meiste vermögen, die größte Überlegenheit haben (valere – valeo – valui) |

## *Wortangaben zum Prüfungstext Nr. 7*

| | |
|---|---|
| **circumsistere** | umringen (circumsistere – circumsisto – circumsteti) |
| **concilium** | Versammlung |
| **continens, continentis f.** | Festland |
| **cupidus, a, um** (m. Gen.) | begierig auf |
| **dare operam** | sich Mühe geben (dare – do – dedi – datum) |
| **deferre** | übertragen (deferre – defero – detuli – delatum) |
| **eques, equitis m.** | Reiter |
| **hortari** | ermahnen |
| **impeditus, a, um** | behindert, abgelenkt |
| **imprimis** (Adverb) | vor allem |
| **insciens, inscientis** | nicht wissend, unwissend |
| **insequi** | verfolgen (insequi – insequor – insecutus sum) |
| **primo** (Adverb) | zuerst, zunächst |
| **prospicere** | Vorsorge treffen (prospicere – prospicio – prospexi – prospectum) |
| **res novae** | Umsturz |
| **retrahere** | zurückholen (retrahere – retraho – retraxi – retractum) |
| **sollicitare** | aufwiegeln |
| **statuere** | feststellen (statuere – statuo – statui – statutum) |
| **sui, suorum** | seine Leute |

## *Wortangaben zum Prüfungstext Nr. 8*

| | |
|---|---|
| **adflictare** | beschädigen |
| **administrare** | hier = manövrieren |
| **ancora** | Anker |
| **aridum** | das Trockene |
| **armamenta, orum** | Schiffsgeräte |
| **auxiliari** | helfen |
| **complere** | füllen, anfüllen (complere – compleo – complevi – completum) |
| **complures, complurium** | mehrere |
| **deducere** | wegholen (deducere – deduco – deduxi – deductum) |
| **deligare** | anbinden, festbinden |
| **ducere** | führen; bei AcI: glauben, meinen (ducere – duco – duxi – ductum) |
| **eques, equitis m.** | Reiter |
| **facere** | machen (facere – facio – feci – factum)<br>(Passiv: fieri – fio – factus sum: werden, entstehen) |
| **frangere** | brechen, zerbrechen (frangere – frango – fregi – fractum) |
| **funis, funis f.** | Tau, Strick |
| **incognitus, a, um** | unbekannt |
| **intercludere** | abschneiden (intercludere – intercludo – interclusi – interclusum) |
| **maritimus, a, um** | zum Meer gehörig, Meeres... |
| **navis longa** | Kriegsschiff |
| **navis oneraria** | Transportschiff |
| **nostri, nostrorum** | unsere Leute |
| **optimus** | Superlativ zu bonus, a, um: gut |
| **paulatim** | allmählich |
| **perturbatio, perturbationis f.** | Verwirrung |
| **producere** | hinziehen (producere – produco – produxi – productum) |
| **providere** | vorhersehen, vorausbeschaffen<br>(providere – provideo – providi – provisum) |
| **rebellio, rebellionis f.** | Aufstand |
| **reditus, us m.** | Rückkehr |
| **reportare** | zurückbringen, zurückschaffen |
| **rursus** | wiederum, erneut |
| **subducere** | ziehen (subducere – subduco – subduxi – subductum) |
| **sui, suorum** | seine, ihre Leute |
| **transire** | herüberkommen, hinüberkommen (transire – transeo – transii – transitum) |

## *Wortangaben zum Prüfungstext Nr. 9*

| | |
|---|---|
| **acerbus, a, um** | scharf, bitter |
| **adhortari** | ermahnen |
| **aditus, us m.** | Zugang |
| **afficere** | „versehen mit ..." (afficere – afficio – affeci – affectum) |
| **angustus, a, um** | eng, schmal |
| **carere** | entbehren (carere – careo – carui) |
| **circumvallare** | rings mit einem Wall umgeben |
| **complures, complurium** | mehrere |
| **conficere** | durchführen, vollenden (conficere – conficio – confeci – confectum) |
| **deferre** | überbringen (deferre – defero – detuli – delatum) |
| **dimittere** | aufgeben (dimittere – dimitto – dimisi – dimissum) |
| **fames, famis f.** | Hunger |
| **ignominia** | Schande, Schmach |
| **inceptus, a, um** | begonnen |
| **infecta re** | unverrichteter Dinge |
| **infirmus, a, um** | unsicher, schwach |
| **inopia** | Not, Mangel |

| | |
|---|---|
| **maiestas, maiestatis f.** | Größe |
| **mandare** | anvertrauen, auftragen |
| **merere** | verdienen; (als Soldat) dienen (merere – mereo – merui) |
| **multum** | viel |
| **munitus, a, um** | befestigt, gesichert |
| **natura** | Natur, natürliche Beschaffenheit |
| **nusquam** | nirgends |
| **oppugnatio, oppugnationis f.** | Belagerung |
| **ponere** | stellen, aufstellen (ponere – pono – posui – positum) |
| **populus** | Volk |
| **quin etiam** | ja sogar |
| **recipere** | hier = erobern, einnehmen (recipere – recipio – recepi – receptum) |
| **redigere in potestatem** | in seine Gewalt bekommen (redigere – redigo – redegi – redactum) |
| **res frumentaria** | Getreideversorgung |
| **singuli, ae, a** | einzelne, je einer |
| **superior, superioris** | der frühere |
| **sustentare** | aushalten, ertragen |
| **tribunus militum** | Militärtribun |
| **universi, ae, a** | alle insgesamt |
| **usque eo, ut** | bis zu dem Grade, daß |

## *Wortangaben zum Prüfungstext Nr. 10*

| | |
|---|---|
| **accedere** | herangehen (accedere – accedo – accessi – accessum) |
| **apertus, a, um** | offen, ungedeckt |
| **concurrere** | zusammenlaufen, zusammenprallen (concurrere – concurro – concurri – concursum) |
| **conficere** | vollenden, beenden (conficere – conficio – confeci – confectum) |
| **continens, continentis f.** | Kontinent, Festland |
| **decertare** | entscheiden, die Entscheidung suchen |
| **despicere** | herabschauen, verachten (despicere – despicio – despexi – despectum) |
| **devincere** | völlig besiegen (devincere – devinco – devici – devictum) |
| **dexter, dextra, dextrum** | rechts |
| **efferre** | hervorheben, herausheben (efferre – effero – extuli – elatum) |
| **eques, equitis m.** | Reiter |
| **fore** | Infinitiv der Nachzeitigkeit zu esse: sein |
| **hortari** | ermahnen |
| **incognitus, a, um** | unbekannt |
| **incredibilis, e** | unglaublich |
| **inquit** (in die Rede eingeschoben) | sagte er /sie |
| **interesse** (m. Dat.) | teilnehmen (interesse – intersum – interfui) |
| **interire** | untergehen, umkommen (interire – intereo – interii – interitum) |
| **latus, lateris n.** | Seite, Flanke |
| **laus, laudis f.** | Lob |
| **necesse** (Adverb) | notwendig, zwangsläufig |
| **perturbare** | verwirren |
| **polliceri** | versprechen (polliceri – polliceor – pollicitus sum) |
| **pronuntiare** | ankündigen, aussprechen |
| **propius** (Adverb) | näher |
| **ratio, rationis f.** | Berechnung, Art und Weise |
| **sui, suorum** | seine, ihre Leute |
| **superesse** | übrig sein (superesse – supersum – superfui) |
| **superior, superioris** | der frühere, vorangegangene |
| **tantum** | so viel |
| **tergum** | Rücken |
| **tot** | so viele |
| **victor, victoris m.** | Sieger |
| **vulnus, vulneris n.** | Wunde |

## *Wortangaben zum Prüfungstext Nr. 11*

| | |
|---|---|
| **angustus, a, um** | eng |
| **calo, calonis m.** | Troßknecht |
| **circiter** | ungefähr |
| **commeatus, us m.** | Verpflegungszug |
| **conferre se** | sich begeben (conferre – confero – contuli) |
| **continere** | zusammenhalten (continere – contineo – continui – contentum) |
| **cum – tum** | einerseits – andererseits ganz besonders |
| **disponere** | verteilen (disponere – dispono – disposui – dispositum) |
| **eques, equitis m.** | Reiter |
| **momentum** | Augenblick, „Chance" |
| **natura** | Natur, natürliche Beschaffenheit |
| **nostri, nostrorum** | unsere Leute |
| **permittere** | erlauben (permittere – permitto – permisi – permissum) |
| **praeterea** | außerdem |
| **recipere se** | sich zurückziehen (recipere – recipio – recepi) |
| **sagittarius** | Bogenschütze |
| **signum** | Feldzeichen |
| **spatium** | Raum, Zeitraum, „Atempause" |
| **sustinere** | aushalten (sustinere – sustineo – sustinui) |
| **tres, tria** | drei |

## *Wortangaben zum Prüfungstext Nr. 12*

| | |
|---|---|
| **amplus, a, um** | geräumig, umfangreich |
| **arrogantia** | Anmaßung, Arroganz |
| **barbarus, a, um** | fremdländisch |
| **carus haberi** | beliebt sein |
| **despicere** | herabschauen, verachten (despicere – despicio – despexi – despectum) |
| **differre** | verschieben (differre – differo – distuli – dilatum) |
| **elatus, a, um** | überheblich geworden |
| **eques, equitis m.** | Reiter |
| **experiri** | erkunden, erproben (experiri – experior – expertus sum) |
| **frater, fratris m.** | Bruder |
| **honesto loco natus** | von adliger Abstammung |
| **legere** | wählen (legere – lego – legi – lectum) |
| **mandare** | anvertrauen |
| **obtinere** | innehaben (obtinere – obtineo – obtinui – obtentum) |
| **opera** | Arbeit, Mühe, Mitarbeit, Hilfe |
| **ostentare** | zeigen |
| **paene** | beinahe |
| **palam** | offen |
| **perfugere** | überlaufen, sich flüchten<br>(perfugere – perfugio – perfugi – perfugitum) |
| **permovere** | bewegen, erregen (permovere – permoveo – permovi – permotum) |
| **praemium** | Belohnung |
| **principatus, us m.** | Vormachtstellung, Führung |
| **reservare** | bewahren, „reservieren" |
| **solum** | allein |
| **stipendium** | Kriegssold |
| **stultus, a, um** | dumm, töricht |
| **sui, suorum** | ihre Leute |
| **transire** | übergehen, überlaufen (transire – transeo – transii – transitum) |
| **universi, ae, a** | alle insgesamt |

## *Wortangaben zum Prüfungstext Nr. 13*

| | |
|---|---|
| **complures, complurium** | mehrere |
| **creber, crebra, crebrum** | häufig |
| **decertare** | um die Entscheidung kämpfen |
| **exponere** | darlegen (exponere – expono – exposui – expositum) |
| **exspectatio, exspectationis f.** | Erwartung |
| **immittere** | schicken, schleudern (immittere – immitto – immisi – immissum) |
| **intentus, a, um** | angespannt, gerichtet auf |
| **interesse** | dazwischen sein (interesse – intersum – interfui) |
| **interrumpere** | unterbrechen (interrumpere – interrumpo – interrupi – interruptum) |
| **maxime** (Adverb) | am meisten, am ehesten |
| **medius, a, um** | der mittlere, mitten ... |
| **obtegere** | bedecken, schützen (obtegere – obtego – obtexi – obtectum) |
| **praesertim cum** (m. Konj.) | zumal da |
| **prodire** | hervortreten (prodire – prodeo – prodii – proditum) |
| **profiteri** | offen bekennen (profiteri – profiteor – professus sum) |
| **pronuntiare** | verkünden, melden |
| **quo** (als relativischer Satzanschluß) | dorthin |
| **referre** | überbringen (referre – refero – rettuli – relatum) |
| **silentium** | Stillschweigen |
| **subito** | plötzlich |
| **supplex, supplicis** | demütig bittend, unterwürfig |
| **traicere** | hinüberwerfen (traicere – traicio – traieci – traiectum) |
| **tutus, a, um** (Adverb: **tuto**) | sicher |
| **una** (Adverb) | gemeinsam |
| **vitare** | meiden, ausweichen |

## *Wortangaben zum Prüfungstext Nr. 14*

| | |
|---|---|
| **accedere** | herangehen (accedere – accedo – accessi – accessum) |
| **ambo, ambae, ambo** | beide |
| **angustiae, arum** | Enge |
| **aquae, arum** | Wassermassen |
| **at** | aber, dagegen |
| **comportare** | zusammentragen |
| **convehere** | zusammenkarren (convehere – conveho – convexi – convectum) |
| **intercludere** | abschneiden (intercludere – intercludo – interclusi – interclusum) |
| **interrumpere** | unterbrechen, unpassierbar machen (interrumpere – interrumpo – interrupi – interruptum) |
| **longius** (Adverb) | weiter weg |
| **maturitas, maturitatis f.** | Reife |
| **multum abesse** | weit entfernt sein |
| **necessario** (Adverb) | notwendigerweise, zwangsläufig |
| **repentinus, a, um** | plötzlich, unerwartet |
| **tantus, a, um** | so groß |
| **oriri** | entstehen, sich erheben (oriri – orior – ortus sum) |
| **pabulatum (Supinum)** | um Futter zu holen |
| **praebere** | darreichen, bieten (praebere – praebeo – praebui – praebitum) |
| **progredi** | vorrücken (progredi – progredior – progressus sum) |
| **proluere** | hervorspülen (proluere – proluo – prolui – prolutum) |
| **providere** | im voraus beschaffen (providere – provideo – providi – provisum) |
| **summus, a, um** | der höchste |
| **superioribus temporibus** | in früheren Zeiten |
| **supportare** | liefern |
| **tempus, temporis n.** | Zeitumstand, Situation |

## *Wortangaben zu den Prüfungstexten der mündlichen Prüfung 1*

| | |
|---|---|
| **afficere** | „versehen mit ..." (afficere – afficio – affeci – affectum) |
| **agri cultura** | Ackerbau |
| **alere** | ernähren (alere – alo – alui – altum) |
| **appellare** | anreden, appellieren an |
| **armatus, a, um** | bewaffnet |
| **bellare** | Krieg führen |
| **bellicosus, a, um** | kriegerisch |
| **centum** | hundert |
| **colere** | siedeln (colere – colo – colui – cultum) |
| **continere** | zusammenhalten (continere – contineo – continui – contentum) |
| **defessus, a, um** | erschöpft |
| **fugare** | in die Flucht schlagen |
| **iniungere** | aufbürden (iniungere – iniungo – iniunxi – iniunctum) |
| **insequi** | nachsetzen (insequi – insequor – insecutus sum) |
| **intermittere** | unterbrechen (intermittere – intermitto – intermisi – intermissum) |
| **longe** (beim Superlativ) | bei weitem |
| **minus** | weniger |
| **necessitas, necessitatis f.** | Notwendigkeit |
| **nostri, nostrorum** | unsere Leute |
| **pagus** | Gau, Verwaltungsbezirk |
| **praemium** | Belohnung |
| **prosequi** | verfolgen (prosequi – prosequor – prosecutus sum) |
| **rursus** | wiederum |
| **tergum** | Rücken |
| **tot** | so viele |
| **vertere** | wenden, zuwenden (vertere – verto – verti – versum) |

## *Wortangaben zu den Prüfungstexten der mündlichen Prüfung 2*

| | |
|---|---|
| **aequus, a, um** | eben, gleich |
| **biduum** | ein Zeitraum von zwei Tagen |
| **colere** | bebauen (colere – colo – colui – cultum) |
| **conferre** | hinbringen (conferre – confero – contuli – collatum) |
| **conficere** | beenden, vollenden (conficere – conficio – confeci – confectum) |
| **continens, continentis** | zusammenhängend |
| **creber, crebra, crebrum** | häufig |
| **eques, equitis m.** | Reiter |
| **exactus, a, um** | vorbei |
| **inferre** | hineintragen (inferre – infero – intuli – illatum) |
| **infinitus, a, um** | unbegrenzt, unbestimmt |
| **instituere** | sich darauf einrichten (instituere – instituo – institui – institutum) |
| **interrumpere** | unterbrechen (interrumpere – interrumpo – interrupi – interruptum) |
| **longe** (Adverb) | ganz, bei weitem |
| **maritimus, a, um** | zum Meer gehörig |
| **natura** | Natur, natürliche Beschaffenheit |
| **nomen, nominis n.** | Name, Bezeichnung |
| **nongenti, ae, a** | neunhundert |
| **ortus, a, um** | abstammend |
| **paene** | beinahe, fast |
| **paulisper** | ein Weilchen |
| **pecus, pecoris n.** | Vieh |
| **perficere** | vollenden (perficere – perficio – perfeci – perfectum) |
| **permanere** | bleiben (permanere – permaneo – permansi – permansum) |
| **praeda** | Beute |
| **prodere** | überliefern (prodere – prodo – prodidi – proditum) |

| | |
|---|---|
| **prope** (Adverb) | beinahe |
| **ratio, rationis f.** | Art und Weise, Berechnung |
| **sex** | sechs |
| **silva** | Wald |
| **similis, e** | ähnlich |
| **sua omnia** | all ihre Habe |
| **superesse** | übrig sein (superesse – supersum – superfui) |
| **transire** | herüberkommen (transire – transeo – transii – transitum) |
| **umquam** | jemals |

**v. Chr.**

**um 1200** nach der Sage Ankunft des Aeneas, der aus Troja geflüchtet war, in Latium

**ab 1200** Einwanderung der Italiker

**753** (Sagenhafte) Gründung Roms durch Romulus, einen Nachkommen des Aeneas

**753–510** Rom wird von Königen regiert, steht unter etruskischem Einfluß.

**510** Brutus gründet die '**res publica**':

- zwei jährlich durch eine Volksversammlung (comitia) gewählte **Konsuln** stehen an der Spitze des Staates
- **senatus**: besteht aus den Oberhäuptern (patres) der patrizischen gentes, durch seine auctoritas (im Unterschied zu der potestas = Amtsgewalt der Magistrate) nimmt er großen Einfluß auf römische Politik, er kontrolliert die Finanzen
- **comitia** (Volksversammlungen), auf die Patrizier mehr Einfluß hatten als die Plebejer, wählen die Magistrate und stimmen über Gesetze ab
- **magistratus** (Konsuln, Prätoren, Ädilen, Quästoren): gewissermaßen die jährlich gewählten Regierungsämter
- **dictator:** in Notzeiten für ein halbes Jahr ernannt

**510–270** Kriege mit anderen italischen Völkern, Sabinern, Etrusker, Latinern, Samniten, süditalischen Griechen (von Pyrrhus, dem König von Epirus unterstützt). Sie werden 'socii' = Bundesgenossen.
Ständekämpfe zwischen Patriziern (Geburtsadel) und den Plebejern, denen eigene Versammlung (concilium plebis) und Volkstribunen (tribuni plebis mit Veto–Recht) zugestanden werden, sowie ab 367 auch Zugang zu den höchsten Ämtern und zum Senat

**387** Kelten dringen in Rom ein und zerstören es

**264–241** 1. Punischer Krieg gegen Karthago, die Rivalin um die Vorherrschaft im Mittelmeer.

**218–202** Sizilien, Korsika und Sardinien werden erste römische Provinzen.

**215–168** 2. Punischer Krieg: Hannibal zieht über die Alpen, fügt den Römern bittere Niederlagen bei (Cannae 216), muß schließlich aber nach Afrika abziehen (202 von Scipio bei Zama besiegt). Rom wird zur beherrschenden Mittelmeermacht.
Kriege gegen die Könige von Makedonien

**149 – 146** 3. Punischer Krieg: Zerstörung Karthagos 146 (*Cato*: „Ceterum censeo Carthaginem esse delendam“)

**146** Korinth wird zerstört

**133** Scipio erobert Spanien
Provinz Asia (Pergamon fällt als Erbe an Rom)

**133–121** Soziale Unruhen: die beiden Brüder Tiberius und Gaius Gracchus erreichen Reformen, eine Neuorganisation der Rechtsprechung, Gründung von Kolonien. Tib. Gracchus wird von seinen patrizischen Gegnern ermordet, C. Gracchus begeht (unter Zwang) Selbstmord.

**112–105** Krieg gegen den Numiderkönig Jugurtha

**102** Marius besiegt die Kimbern und Teutonen

**88** Nach den sogenannten Bundesgenossenkriegen erhalten die Italiker römisches Bürgerrecht.

**88–82** Bürgerkrieg Marius – Sulla

**82–79** Diktatur Sullas

**73–71** Sklavenaufstand (Spartacus)

**64** Mithridates, der König von Pontos, von Pompeius endgültig besiegt

**63** Verschwörung des Catilina. Cicero als Konsul dieses Jahres deckt sie auf und unterdrückt sie. Die Verschwörer läßt er hinrichten.

**60** 1. Triumvirat: Caesar, Pompeius und Crassus: de facto ein Putsch, der die Verfassung der res publica außer Kraft setzt

**59** Caesar läßt sich zum Konsul wählen.

**58–51** Caesar erhält die gallischen Provinzen zur Verwaltung, erobert ganz Gallien.

**53** Crassus fällt im Kampf gegen die Parther.

**60–50** Caesar und Pompeius entfremden sich immer mehr. Pompeius verbündet sich mit der Senatspartei gegen Caesar, den Führer der Popularen.

**49–46** Bürgerkrieg Caesar – Pompeius (Caesar überschreitet den Rubikon)

**48** Pompeius bei Pharsalos (Griechenland) geschlagen, später in Ägypten ermordet

| | |
|---|---|
| **46–44** | Caesar wird zum Dikator auf Lebenszeit ernannt. |
| **15. 3. 44** | Caesar wird an den Iden des März von republikanischen Verschwörern, unter ihnen Brutus und Cassius, ermordet. |
| **43–41** | Krieg zwischen Caesar–Gegnern und Caesar–Anhängern<br>2. Triumvirat: Oktavian (ein Adoptivsohn Caesars), Antonius (ein Freund Caesars), Lepidus<br>Proskriptionen, denen auch Cicero 43 zum Opfer fällt<br>Brutus und Cassius bei Philippi besiegt (42) |
| **36–31** | Bürgerkrieg zwischen Antonius (der den Osten beherrscht) und Oktavian (der den Westen nach Ausschaltung des Lepidus beherrscht) |
| **31** | In der Schlacht bei Actium besiegt Oktavian die Flotte des Antonius und der Kleopatra, die beide ums Leben kommen. |
| **29** | Beginn der „Pax Augusta", nachdem Oktavian seine Gegner ausgeschaltet hat |
| **27** | Oktavian erhält die Ehrennamen 'Augustus', 'imperator', 'princeps'. Die Magistrate und der Senat behalten de iure ihre Rechte, de facto aber sind sie ohne Machteinfluß.<br>Beginn des *Prinzipats*, d. h. der Kaiserherrschaft<br>Augustus betreibt Reformen im Bereich der öffentlichen Moral (u. a. Wiederherstellung der traditionellen Sitten- und Ehegesetze), fördert die Kunst (durch seinen engsten Freund Maecenas). |
| **15** | Beginn der Germanenkriege |
| **9 n. Chr.** | Sieg der Cherusker unter Arminius im Teutoburger Walde |
| **14–37** | Kaiser Tiberius: Volksversammlung hört auf zu bestehen, Magistrate werden durch den Senat ernannt. |
| **37–41** | Caligula (größenwahnsinnig); Ermordung durch die Prätorianergarde |
| **41–54** | Kaiser Claudius |
| **54–68** | Kaiser Nero (von Seneca erzogen); Christenverfolgungen. Brand Roms |
| **68–69** | Dreikaiserjahr, Bürgerkriege |
| **69–79** | Kaiser Vespasian (aus dem Hause der Flavier) |
| **79–81** | Kaiser Titus: erobert 70 Jerusalem. Ausbruch des Vesuvs (79), Pompeji und Herculaneum werden zerstört |
| **81–96** | Kaiser Domitian: grausamer Tyrann |
| **96–117** | Kaiser Trajan (größte Ausbreitung des römischen Reiches) |
| **117–138** | Kaiser Hadrian |
| **139–161** | Kaiser Antoninus Pius |
| **161–180** | Kaiser Marc Aurel (der „Philosoph unter den Kaisern") |
| **180–192** | Kaiser Commodus |
| **192–284** | Soldatenkaiser: Generäle, die aus den Provinzen stammen |
| **212** | Caracalla verleiht allen Bewohnern des imperium Romanum das Bügerrecht. |
| **284–305** | Diokletian: Christenverfolgungen |
| **306–337** | Konstantin der Große: Anerkennung des Christentums (313 Edikt von Mailand), Konstantinopel wird Hauptstadt |
| **378–395** | Theodosius der Große: letzter Kaiser des Gesamtreiches |
| **395** | Teilung des Reiches: Westreich – Byzantinisches Reich |
| **476** | Ende des Westreiches durch Einfall der Germanen (Hunnen unter Attila) |
| **1453** | Eroberung Konstantinopels durch die Türken: Ende des Byzantinischen (Oströmischen) Reiches |

**Gaius Iulius Caesar**, aus der alten gens Iulia stammend, die ihre Abstammung bis auf Iulus, den Sohn des Aeneas, zurückführte, wurde im Jahre 100 v. Chr. geboren.

| | |
|---|---|
| 81–79 | Offizier im Osten |
| 76–73 | Studium in Rhodos, unterbrochen durch Kriegsdienst im Kampf gegen die Seeräuber |
| seit 70 | Beteiligung an Aktionen der „Popularen“ („Volkspartei“) gegen den Senat. Er nimmt sich der Opfer der Sullanischen Proskriptionen an.<br>Zusammenarbeit mit Crassus und Pompeius<br>Wortführer der Popularen ( eine Art „Fraktionsvorsitzender“) |
| 63 | Caesar wird überraschend zum *pontifex maximus* gewählt, setzt sich für eine lebenslängliche Haft für die gefangenen Catilinarier ein statt (wie Cicero) einer Hinrichtung. |
| 61/60 | Statthalter in Hispania ulterior, wo er sich in Verwaltung und Kriegführung auszeichnet. |
| 60 | 1. Triumvirat mit Pompeius und Crassus |
| 59 | Konsulat. Gallia Cisalpina und Gallia Transalpina werden ihm für 5 Jahre zur Verwaltung übertragen. Möglichkeit für Caesar, sich eine Vormachtstellung durch ein ihm treu ergebenes Heer vorzubereiten (dasselbe hatte Pompeius die Jahre davor schon längst betrieben). |
| 58–51 | **Gallischer Krieg**<br>Während dieser Zeit immer wieder in Rom. Er unterhält dort eine Kanzlei und läßt sich ständig durch Kurierdienste über die Ereignisse in Rom informieren. Durch Freunde greift er mehrfach in die aktuelle römische Politik ein. |
| ab 52 | Pompeius beginnt sich von seinem Bündnis abzuwenden, in Gallien droht ein Aufstand alles Erreichte wieder zu gefährden. |
| 51 | *„Befriedung“* (d. h. Abschluß der Eroberung) ganz Galliens, das er als Provinz organisiert |
| seit 51 | Abberufung Caesars in Rom betrieben, um ihn vor Gericht zu stellen |
| 7.1.49 | Senat beschließt den Notstand (dadurch wird Einschreiten gegen den Abberufungsbeschluß unmöglich). Caesar überschreitet den Rubikon und hofft, die Gegner zum Einlenken zu zwingen oder sie eben gleich zu schlagen. Pompeius entkommt mit dem Gros des Heeres.<br>**Bürgerkrieg** |
| 48 | Pompeius wird bei Pharsalos (Stadt in Thessalien/Mittelgriechenland) entscheidend geschlagen. Caesar verfolgt ihn nach Ägypten. Liaison mit Kleopatra, die ihm einen Sohn gebiert |
| 47/46 | Sieg über seine Gegner in Afrika (bei Thapsus). Einrichtung der Provinz Africa nova |
| 45 | Abschluß des Bürgerkrieges durch den Sieg bei Munda (Spanien)<br>Begnadigung der meisten Gegner („clementia Caesaris“)<br>dictator in perpetuum („auf Lebenszeit“)<br>Kluge Sozialpolitik, Landversorgung der Veteranen, organisatorische Reformen (unter anderem Kalenderreform), Kodifikation des Rechts, Planung eines Durchstiches der Meerenge von Korinth<br>Was Caesar nicht gelingt, ist eine neue Integration des Staates, viele bleiben ihm feindlich gesonnen, sein selbstherrliches Walten verprellt auch seine Anhänger. Daher bildet sich bald eine Verschwörung. |
| 15.3.44 | Ermordung an den Iden des März |